Jofre Macnelli Aragão Costa

Discurso da Comunidade Lucana sobre o carisma no Cristianismo Primevo

Jofre Macnelli Aragão Costa

Discurso da Comunidade Lucana sobre o carisma no Cristianismo Primevo

Compreendendo o carismatismo nos textos lucanos

CREDO EDICIONES

Imprint

Cover image: www.ingimage.com

Publisher:
CREDO EDICIONES
ist ein Imprint der / is a trademark of
International Book Market Service Ltd., member of OmniScriptum Publishing Group
17 Meldrum Street, Beau Bassin 71504, Mauritius

Printed at: see last page
ISBN: 978-613-1-71319-4

JOFRE MACNELLI ARAGÃO COSTA

DISCURSO DA COMUNIDADE LUCANA SOBRE O CARISMA NO CRISTIANISMO PRIMITIVO

SÃO PAULO - SP
2018

Jofre Macnelli Aragão Costa

Endereço para acessar este CV: http://lattes.cnpq.br/3382548718778627

Licenciando em História - Universidade Cruzeiro do Sul - SP. Mestre em Ciências da Religião com ênfase em Análise do discurso religioso - FUV (Faculdade Unida de Vitória); Pós-graduado em Docência do Ensino Superior - FTED (Faculdade de Tecnologia Equipe Darwin - Brasília); Pós-graduado em História do Cristianismo Antigo (CEAM - Centro de Estudos Avançados Multidisciplinares. Núcleo de Estudos Clássicos da Faculdade de Filosofia) pela Universidade de Brasília - UnB, graduação em Integralização de Créditos em Teologia pela Universidade Metodista de São Paulo (2009) e Bacharelado em Teologia (Curso livre) - Seminário Teológico Evangélico do Brasil (2006). Atualmente pastoreia a Igreja Batista Nacional de Vila Maria. Tem experiência na área de Teologia, com ênfase em Teologia Sistemática, Teologia Bíblica. Ética; História da Igreja primitiva, História da Igreja na América Latina; Hermenêutica; Comunidades primitivas; Religiões Comparadas.

Aos meus pais, José Gerardo e Silvana, por me darem a vida e por ensinarem os valores de uma boa educação.

As minha filhas, Lavínia e Lívia por serem a minha alegria e o fruto do meu amor.

À Maria Lucélia, minha vida e meu amor, por decidir viver ao meu lado para sempre.

RESUMO

O presente trabalho tem como intenção analisar a obra dupla lucana, Lucas-Atos, a fim de identificar no seu discurso elementos de carismatismo. A primeira parte é de caráter introdutório. Faz-se uma análise do texto lucano mostrando sua engenhosidade literária, o questionamento das suas fontes, a relação entre as partes de uma mesma obra que demostra seu profundo caráter biográfico e historiográfico. As intenções teológicas de Lucas, que respondem a um dado momento histórico, fazem com que ele seja pioneiro entre os escritores do Novo Testamento a escrever uma obra em dois volumes. A pergunta sobre a que tipo de gênero literário Lucas aplica a sua obra e qual a melhor que se amolda a seus escritos termina essa primeira parte. No segundo momento descreve sobre as fases da investigação do Jesus carismático, a partir da concepção weberiana de carisma. Aborda a contribuição fenomenológica, teológica, sociológica que domina os estudos sobre o Jesus Histórico. A linha hermenêutica da sociologia da religião propõe uma análise mais autêntica do ambiente social e histórico que Jesus se relaciona, possibilita uma nova leitura que resgata a tradição da oralidade e da memória comunitária. A terceira parte e última explora o carismatismo nos textos lucanos. Recobra as origens do seguimento de Jesus e sua posterior mudança de estrutura vivencial. Da comunidade original para a Protocomunidade de Jerusalém ou Comunidade da Judeia que vivencia as mudanças decorrentes da demora da parusia e a necessidade de continuidade histórica. Essa comunidade em plenas mudanças que Lucas demonstra em seus textos. Uma comunidade que tira o foco do fim dos tempos para o viver na história. Esse viver é repleto de sinais, milagres que evidencia a presença do Espírito de maneira pragmática.

Palavras-chaves: Lucas-Atos. Jesus Carismático. Carismatismo.

ABSTRACT

This thesis aims to analyze both Luca's literary work, Luke-Acts, in order to identify in his speech charisma elements. The first part of this work is an introduction to the subject. It exposes an analyzes about Lucas's text demonstrating his literary ingenuity, the questioning of his sources and the relation between parts of the same work that presents his deep biographical and historiographical character. The theological intention of Luke, according to a particular historical moment, made him a pioneer among the New Testament writers resulting in a two volume work. The first part ends with a question about the kind of genre that Lucas applies in his work and also what is the best to fit to his writings. The second part of this work describes the stages of the investigation regarding the charismatic Jesus, from the Weber's conception of charisma. It addresses the phenomenological, theological and sociological contribution which dominates the studies of historical Jesus. The hermeneutic line of the sociology of religion suggests a more authentic analysis of a social and historical environment Jesus is inserted, enables a new reading that recovers the tradition of orality and community memory. The third and final part explores the charisma in Lucas's texts. Recovers the origins of Jesus's disciples and his subsequent change of vivencial structure. From the original community to primitive comunity of Jerusalem or Judea community which experiences the changes originated from the delay of parousia and the need for historical continuity. This is the community in full changes that Luke demonstrates in his writings. A community that does not focus in the end of time to live it in history. The way of living is filled with signs and miracles which highlights the presence of the Spirit in a pragmatic way.

Keywords: Luke-Acts. Jesus Charismatic. Charisma.

SUMÁRIO

INTRODUÇÃO

Quando nos propusemos a trabalhar com a obra lucana levamos em consideração o grande valor literário, histórico e teológico destas obras. Digo textos lucanos, pois me refiro à obra dupla Lucas-Atos que pode ser tida como obra de um mesmo autor. Nas páginas que se seguem estarei desenvolvendo uma temática muito característica deste autor – o carisma. Nosso objetivo é evidenciar como se da à apresentação desse tema nos escritos lucanos. Entendendo que isso ocorre dentro do espaço e tempo de um momento muito conflituoso para o cristianismo primitivo. O momento histórico que dá pano de fundo a esses escritos clareiam a nova pragmática comportamental dessas igrejas primitivas.

Sem dúvida, as narrativas lucanas nos apresentam uma nova perspectiva de Evangelho. Lucas não se detém apenas a um relato biográfico, vai além de seus preceptores, julga estar fazendo uma narrativa *diegesis* dos fatos da vida de Jesus e posteriormente em Atos dos Apóstolos da vida da Igreja. E é nesta necessidade de mostrar a história que Lucas revela seu carismatismo. A história de Jesus ficaria inacabada em apenas um texto, era necessário continuar. O evento ressurreição marcará a continuidade do povo de Deus. Ele precisa se reaver na história. A história para Lucas torna-se uma História da Salvação. O Espírito que gerou a Jesus, o conduziu, o inspirou em suas obras terrenas é o mesmo que ressuscitou e foi derramado sobre a comunidade de fé. A pessoa de Jesus será central nessa análise, pois a partir dele é que o carisma é transmitido ao povo por meio de sinais, visões, milagres, etc.

Para cumprir então nosso objetivo, dividimos o trabalho em três capítulos a fim de discutirmos a hipótese apresentada. No primeiro capítulo tem caráter introdutório. Nele apresentamos a riqueza do texto lucano.

Ambos os textos revelam o interesse de Lucas para que a sua obra seja aceita pela comunidade como um texto histórico. Lucas tem interesses de ser reconhecido como um historiador já no seu prólogo. Dispõe de fontes escritas e da tradição oral onde reelabora e incorpora em seu material. Busca em seus precursores (sinóticos e Q) a formulação teológica que lhe apraz. O relato de Lucas-Atos demostra certa unidade interna, uma intencionalidade que pode ser vista na continuidade do livro de Atos. A literatura lucana compreende a história da salvação, pois inclui em seu texto historizações que refletem seu caráter biográfico. Demonstrando como Jesus cumpre sua obra salvífica e como o Espírito da essa continuidade na vida da Igreja, assim abre a discussão para algumas questões como: a demora da parusia e a necessidade de continuidade temporal da Igreja. Este capítulo termina com a análise dos possíveis gêneros literários que os escritos lucanos possam suportar.

Já no capítulo dois queremos apresentar o quadro-teórico onde caminhará nossa dissertação. Seu objetivo versa sobre a história da pesquisa histórica do Jesus carismático e posteriormente a pesquisa sociológica de matriz religiosa da figura Jesuína. Tomando o conceito weberiano religioso-científico do carisma como chave para compreender o personagem Jesus. A fenomenologia admitiu ser Jesus um carismático originário. Posteriormente nosso empreendimento enquadrou a pesquisa de Jesus iniciada como fruto decorrente do Iluminismo. A busca teológica pelo Jesus Histórico passa a ser trabalhada. Aqui levantamos a questão de como é construída a figura histórica de Jesus pela crítica científica. Apresentamos então uma busca de linha hermenêutica que passa a considerar uma leitura sociológica mais tangível tendo como perspectiva a presença carismática de Jesus no meio da comunidade e suas ações através da evidencia de sua autoridade, milagres e aceitação de conflitos. Encerramos o capítulo como uma nova proposta que considera um novo paradigma no estudo de Jesus. Vamos ponderar à tentativa atual de apreciar a forma inovadora a fase oral sobre a tradição de Jesus com base no valor que o impacto de Jesus trouxe na memória da comunidade pré-pascoal.

No terceiro capítulo faço uma breve referência sobre o seguimento de Jesus no período apostólico e sub-apostólico onde as obras Lucas-Atos serão construídas. Analisaremos como a comunidade da Judéia ou protocomunidade de Jerusalém sustenta o ambiente histórico para a confecção dos textos de Lucas. Como Lucas percebe o desdobramento das perseguições sobre vindo ao cristianismo primitivo pelo pluralismo judaico, antes mesmo de 70 d.C. Como a carreira desviante provocou um impacto preponderante nos escritos sendo interpretado como um deslocamento do carisma originário para um carisma coletivo. O valor da história da salvação para Lucas a partir da concepção formulada por Hans Conzelmann. Como aquela comunidade se vem entusiasmada diante da presença do Espírito. A pneumatologia pragmática de Lucas não discute a ação de como ocorre ou porque ocorre, seu intento é mostrar a narração da obra do Espírito. Consequentemente, finalizaremos analisando a luz dos escritos (Evangelho e Atos) o olhar carismático no texto bíblico. Estes são os caminhos que julgamos necessários para clarear a perspectiva carismática nos textos lucanos.

1 A OBRA DE LUCAS EM DOIS VOLUMES

1.1 O texto

O texto de nossa apreciação compreende os escritos de Lucas, a saber: o Evangelho e Atos dos Apóstolos. Um texto marcadamente interessante do ponto de vista literário como teológico. Desde o início objetivamente sóbrio e com destaque literário de ponto a ponta. Essa obra dupla é inicialmente manifesta pelo Evangelho de Lucas e recebe sua continuação nos chamados Atos dos Apóstolos, de que o Evangelho é o primeiro livro (At 1,1). Sem dúvida a obra lucana permanece singular na literatura cristã-primitiva posterior.[1]

O evangelho de Lucas busca a manutenção da fé de seus ouvintes, o despertamento da comunidade receptora e a comprovação da confiabilidade histórica. Destacam-se neste escrito as informações sobre as fontes, seu valor e procedimento. Sem dúvida isso é bem singular, no entanto revela que Lucas entende e quer ser entendido como um historiador. No que compete aos questionamentos dos objetivos historiográficos de Lucas podemos adiantar que ele teve essa intenção – descrever a vida, a história de Jesus em termos históricos – mesmo que não sendo dentro das prerrogativas da historiografia clássica, mas como um fenômeno histórico.[2]

Os manuscritos a disposição com estes escritos são quatro textos dentre eles o *texto Egípcio* (sobretudo o papiro 75, B e C) constituídos no século II. O *texto Ocidental* (D, antigos testemunhos latinos, uma tradução siríaca e varias citações dos Pais da Igreja) é da mesma época que o texto egípcio. Um terceiro encontra-se no manuscrito A para o Evangelho: se

[1] VIELHAUER, Philipp. *História da literatura cristã primitiva*: introdução ao novo testamento, aos apócrifos e aos pais apostólicos. Santo André-SP: Editora Acadêmica Cristã, 2005. p. 397.
[2] VIELHAUER, 2005, p. 398. Sobre a historiografia e a discussão se Lucas é ou não um historiador trataremos na discussão do caráter literário e o gênero das obras lucanas.

trata do texto *bizantino* que se impôs durante séculos (também ficou conhecido como *textus receptus*). Alguns acreditam em uma quarta forma, a do texto *palestino.*[3]

Na maioria dos livros do Novo Testamento as variantes textuais são relativamente poucas, mas em Lucas e Atos existem diferenças importantes. Existem hoje dez papiros contendo porções de Lucas: P^3, P^4, P^7, P^{42}, P^{45}, P^{69}, P^{75}, P^{82}, P^{97} e P^{111} [4] estes papiros compõem o denominado texto ocidental, um texto cujos principais representantes são o Códice de Beza (D) e os manuscritos da Antiga Versão Latina[5]. Seis destes papiros[6], se incluirmos P^7, são datadas antes do quarto século. Não surpreendentemente, alguns destes papiros são extremamente fragmentados: P^7, por exemplo, contém apenas Lucas 4,1-3; já P^{111} contém 17, 11-13; 22-23; e P^{69} contém Lucas 22,41; 45-48; 58-61.[7]

Atos dos Apóstolos é singular não apenas como a continuação do Evangelho, mas também como fenômeno literário. O texto de Atos ficou preservado em duas versões distintas:

> 1) na das testemunhas "egípcias" , representadas pelos Códices Vaticanus, Sinaiticus, Alexandrinus, Ephraemi rescriptus, pelos papiros 45 e 74 e pelas citações nos pais eclesiásticos alexandrinos, uma versão com a qual as testemunhas koine coincidem no essencial, e 2) na versão do chamado texto ocidental, representada pelo Codex Cantabrigiensis, pelos papiros 38 e 48, pelos vetéro-latinos, pelas marginalia da Syra Charclensis, pelos pais eclesiásticos latinos. O texto da versão

---

[3] BOVON, François. *El Evangelio segun san lucas*: Lc 1-9. Tomo I. Biblioteca de Estudios Biblicos n. 85. Salamanca: Sigueme, 1995, p. 28.

[4] ROTH, Dieter T. The text of Luke and Acts: witness, features, and the significance of the textual traditions. In: ADAMS, Sean; PAHL, Michael. *Issues in Luke-Acts*: selected essays. Gorgias handbooks, 2012, p. 54.

[5] CARSON, Donald Arthur et al. *Introdução ao Novo Testamento*. São Paulo: Vida Nova, 1997, p. 135.

[6] ROTH, 2012, p. 55.

[7] ROTH, 2012, p. 55.

> ocidental é o mais extenso, tem variantes particulares e às vezes revela caracter antiquado. Em termos meramente histórico-textuais não é possível esclarecer a relação das duas versões; elas estão comprovadas em forma de manuscritos pelos papiros 38, 45 e 48 já para o séc. III. Atribuiram-se ambas as versões ao próprio Lucas, o texto ocidental como seu esboço, o egípcio como redação final de Atos, ou se tentou explicar ambas as versões como produtos secundários a partir de um arquétipo – no que ocasionalmente se viu a este na forma original do texto ocidental, a qual se queria reconstruir com base nas testemunhas ocidentais disformes entre si –; ou declarou-se o texto ocidental como secundário em relação ao texto egípcio.[8]

O texto de Atos apresenta um problema tão interessante quanto o texto de qualquer livro do Novo Testamento. Isso ocorre porque o texto foi preservado em duas formas distintas; a forma que é representada pelo grande uncial Sinaitico e Vaticano (B), que é base de todos os textos gregos e traduções atuais; e a forma representada pelo uncial Beza (D), atualmente na Universidade de Cambridge[9]. Esta última forma do texto, com frequência chamada de texto ocidental devido sua suposta origem geográfica, é cerca de dez por cento mais cumpridos do que o texto geralmente aceito, Esses acréscimos são de vários tipos, variando de palavras isoladas a frases inteiras. O texto ocidental elimina algumas contradições[10] e outras tensões[11], faz ligações necessárias entre textos sem nexos, corrige indicações de locais e da ênfase aos momentos edificantes (como em At 3,11).

Por muito tempo Atos ficou à margem da leitura eclesiástica, bem diferente de Lucas que fora canonizado primeiro. Devido seu

---

[8] VIELHAUER, 2005, p. 411-412.

[9] CARSON, 1997, p. 227.

[10] Segundo VIELHAUER, 2005, p. 412. A contradição entre a informação de At 15,32s de que Judas e Silas teriam voltado de Antioquia para Jerusalém e a informação At 15,40 de que Paulo teria levado Silas de Antioquia como seu companheiro para a nova viagem missionária é eliminada pelo texto ocidental em At 15,34: Silas teria permanecido em Antioquia.

[11] Ainda de acordo com VIELHAUER, 2005, p. 412. Os versículos 7 e 8 do capítulo 14 de Atos no texto ocidental resolve o desenrolar da narrativa dos apóstolos em Listra At 14,6ss.

reconhecimento canônico tardio, julga-se que seu teor estava bem menos protegido. Os textos egípcios são exemplo disso, pois "revelam corrupções em vários lugares, como constataram Dibelius e outros antes dele, e por isso tem que ser restabelecido ocasionalmente por conjecturas, um recurso mal quisto dentro da ciência neotestamentária".[12]

Nenhum estudo sério de Lucas-Atos é capaz de evitar a consideração das questões que envolvem o texto destes livros, como sua história textual, e que de Atos em particular, continua ainda a ser um dos problemas mais fascinantes e notáveis da crítica textual do Novo Testamento[13].

1.2 A questão das fontes

Provavelmente Lucas dispõe de fontes escritas, de diversos materiais e de numerosas informações. Busca apoio particularmente nas obras de seus precursores (1,1). Reelabora e incorpora a sua própria composição quando "ao destacar seu próprio trabalho de pesquisa no v.3, tem a pretensão de esboçar um quadro correto dos eventos elaborado por ele mesmo e desse modo substituir as obras de seus antecessores".[14] É praticamente unânime que Lucas não tinha apenas a notícia de que eram relatos evangélicos, mas, de fato, utilizados para compor a sua própria narrativa da atividade de Jesus[15].

---

[12] VIELHAUER, 2005, p. 413.

[13] Em 1985, na reunião anual da Sociedade de Literatura Bíblica, "O Projeto Internacional sobre o texto de Atos" foi anunciado. Este projeto foi centrado em Abilene Christian University e estava sob a direção de Carroll Osburn e Thomas Geer, Jr. A intenção deste projeto foi a publicação de uma grande edição crítica de Atos com um aparato novo, completo e preciso textual. Ainda que esta publicação nunca tenha aparecido, as informações a partir deste projeto foi repassado ao Instituto de Novo Testamento Prova Pesquisa em Munster, onde o trabalho sobre o texto de Atos continua dentro do *Editio Critica Maior.* O volume em Atos está programado para aparecer dentro dos próximos anos, conforme afirma ROTH, 2012, p. 61.

[14] VIELHAUER, 2005, p. 399

[15] FITZMYER, Joseph Augustine. A. *El Evangelio segun Lucas.* Introducción general. Tomo I. Madrid: Ediciones Cristiandad, 1986, p. 121.

Raro são os pesquisadores que ainda tenta explicar as origens dessas composições atraentes apenas para uma tradição oral primitiva[16]. Quando se trata das fontes originárias de Lucas não temos como encontrar respostas, a não ser pela própria perspectiva sinóptica.[17] Lucas usou suas fontes de modo diferente dos demais autores evangélicos. Para alguns autores[18] há um consenso geral que o Evangelho de Lucas depende de Marcos (Mc), da fonte Q e de uma terceira fonte – não necessariamente um documento escrito – que chamaríamos de L (fonte própria de Lucas). Teorias foram desenvolvidas durante o século passado, uma delas foi muito bem recebida pelo mundo anglo-saxônio, seria a hipótese do Proto-Lucas, muitas formulações foram feitas, no entanto a clássica idealizada por B. H. Streeter[19] propõe que sem o conhecimento de Marcos e Q e seu material exclusivo (L), o evangelista compôs um Evangelho Proto-Lucas. Segundo essa teoria não seria Lucas que dependeria de Marcos, mas o contrário Marcos dependeria de Lucas. Essa teoria ficou insustentável devido ela pressupor que o autor colocou suas fontes mecânicas e irrefletidamente lado a lado, ignorando a capacidade e o trabalho literário do autor. Muito pelo contrário, o texto lucano é de extrema seriedade exegética usando suas fontes com de forma bem refletida e planejada[20].

Apesar da perspectiva do Proto-Lucas não ter ganhado expressividade estudiosos do Novo Testamento são partidários da

---

[16] Como historiador Lucas manifesta no proêmio a seriedade de seu conhecimento dos acontecimentos que quer expor. Ele não pode fazê-lo, como Josefo no início de sua Guerra Judaica, invocando o testemunho ocular próprio. Por isso invoca a confiabilidade de suas fontes. Estas, contudo, não são relatos de testemunhas oculares, mas como ele próprio admite, todavia remonta a elas. Conforme VIELHAUER, 2005, p. 399.

[17] O problema das fontes não pode, portanto encontrar respostas a não ser no conjunto das questões sinópticas, como afirma BOVON, 1995, p. 36.

[18] Concordam com essa perspectiva autores como FITZMYER, 1986, p. 121; BOVON, 1995, p. 36; VIELHAUER, 2005, p. 400;

[19] Grande parte do Evangelho segundo São Lucas corresponde exatamente com relato de Marcos. Segundo B.H. Streeter (Os Quatro Evangelhos. Um Estudo das Origens, tratando da Tradição Manuscrito, Fontes, Autoria e Datas, Londres 1924, p. 160), a quantidade de material de base é um cinquenta e cinco por cento. Se omitir Mc 16,9-20, o Evangelho de Marcos tem um total de 661 versos; bem, 350 são substancialmente o mesmo no Evangelho de Lucas. Conforme informa FITZMYER, 1986, p. 122.

[20] VIELHAUER, 2005, p. 400

prioridade de Marcos e da existência de uma coleção de *logia* (Q). Esta outra teoria corresponde a das duas fontes. No caso de Lucas ele se serviria de "uma versão de Marcos que difere muito pouco do texto canônico. Não se sabe por que dispensa toda a sequência de Mc 6,45-8,26".[21] Em favor desta concepção, Lucas adotou Marcos como esboço, colocou o material exclusivo das histórias da infância e dos relatos pascoais antes e depois do material de Marcos e inseriu o material de Q e de seu material exclusivo em duas inserções no esquema de Marcos: a pequena inserção, no chamado relato de viagem Mc 9,51-19,14 e a grande inserção ou grande intercalação Mc 9,51-18,14 onde parece ser incluído narrativas da vida de Jesus que não estão nos outros sinóticos.[22] Até autores mais conservadores concordam com essa teoria.

> Parece altamente provável que, ao escrever seu evangelho, Lucas tenha feito uso de Marcos e de uma fonte ou fontes que ele tinha em comum com Mateus (a denominada fonte Q; esse pode ter sido um único documento, mas mais provavelmente era um grupo de documentos), junto com dados não utilizados pelos dois outros, a saber, uma ou mais fontes escritas ou orais (a denominada fonte L).[23]

Já quando se refere ao texto de Atos o autor não inventou o conteúdo, e sim formou o livro com grande parte do material existente. Lucas ficou dependente de outras fontes, enquanto as fontes consultadas para a composição do Evangelho eram bastante claras, as relacionadas com o livro de Atos continuam enigmáticas.[24] A procura das fontes das

[21] BOVON, 1995, p. 36
[22] VIELHAUER, 2005, p. 400-401
[23] CARSON, 1997, p. 132.
[24] Os especialistas empenham-se em identificar duas fontes escritas diferentes, uma "Fonte Antioquense" para os materiais da primeira parte (Atos 6-12 e 15), e uma narrativa de viagem, denominada "Fonte Nós", para a segunda parte do livro (Atos 16-28). Em KOESTER, Helmut. *Introdução ao novo testamento*: história e literatura do cristianismo primitivo. vol. 2. São Paulo: Paulus, 2005, p. 52.

informações de Lucas em Atos é importante por causa da luz que pode lançar sobre as técnicas literárias de Lucas e sobre o valor histórico de sua narrativa. Pressupomos que "teria feito a mesma investigação cuidadosa e empregado todas as fontes que estivessem disponíveis, ao escrever seu segundo volume."[25] E, de qualquer forma, surge naturalmente a questão de até que ponto fontes escritas estão por trás de Atos. De fato é controvertido o assunto das fontes de Atos, se são escritos, unidades literárias avulsas, tradições orais, não se pode afirmar categoricamente, além disso, ainda temos a questão de que metodologia adotar para uma possível reconstrução.

A fonte Antioquena é de difícil definição, pois não se tem um critério definido para o estilo literário desta fonte. Poderia ter incluído histórias de milagres[26] e também informações de arquivo, relatos de martírio e até discursos de apóstolos. Isso só atestaria os esforços literários de Lucas. O material acumulado por Lucas teve grandes esforços da sua parte para alinhar os fatos, submetê-los a um exame laborioso, penoso e por uma crítica severa.[27] Lucas teria relacionado tradições parcialmente legendárias, com alguns documentos autênticos, além de discursos. Esses esforços mostram de forma parcial que o livro de Atos quer manter informações históricas.[28]

A Fonte "Nós" já é tida como problemática, pois o estilo em si já pressupõe que quem participa da narrativa é o próprio autor de Atos. Seria esse o argumento tradicional.

---

[25] CARSON, 1997, p. 225.

[26] Para VIELHAUER, 2005, p. 422. O predomínio da lenda pessoal e o interesse no caráter milagroso caracterizavam a tradição na qual as comunidades mais antigas guardaram as lembranças dos primórdios do cristianismo

[27] MARGUERAT, Daniel. *A primeira história do cristianismo*: os atos dos apóstolos. Coleção Bíblica Loyola n.35. São Paulo: Paulus Editora e Edições Loyola, 2003, p. 27.

[28] Para KOESTER, 2005, p. 52. Apesar dos esforços inúteis de elucidar a Fonte Antioquense a mesma apresenta informações históricas de grande valia como a lista de diáconos helenísticos (At 6), o martírio de Estevão (At 7), a fundação da igreja de Antioquia (At 11) e a lista de profetas e doutores em Antioquia (At 13).

> Alguns acreditam que o autor baseia-se em um registro de viagem ou diário que ele mesmo escreveu na primeira pessoa do plural à época dos acontecimentos e que ele incorpora em sua obra literária; outros acreditam que nesses trechos o autor, por descuido, passou a escrever na primeira pessoa do plural. Contudo, de um modo ou de outro se acredita que os trechos na primeira pessoa do plural indicam o autor do livro. [29]

São, porém, propostas duas outras explicações para o fenômeno que tirariam o valor desse dado para a questão da autoria. Uma é que o autor incorporou em sua história uma fonte que foi escrita por outra pessoa na primeira pessoa do plural[30]. Mas por que o autor deixaria sua fonte nessa forma? Conforme os críticos jamais se cansam de dizer, Lucas consistentemente reescreveu suas fontes, deixando as marcas de seu próprio estilo em tudo o que escreve[31]. E Harnack demonstrou que o estilo dos trechos na primeira pessoa do plural não é de modo algum diferente do estilo do texto que cerca esses trechos, por que, então, o autor deixou essas diversas seções nesse estilo na primeira pessoa do plural, especialmente tendo em vista que dificilmente isso deixaria de ser entendido mal?[32] Uma segunda explicação alternativa é que o uso da primeira pessoa do plural é um recurso estilístico, de caráter retórico e não histórico[33].

---

[29] CARSON, 1997, p. 210.

[30] KOESTER, 2005, p. 54 concorda que o aparecimento muitas vezes inesperado da primeira pessoa do plural "nós" em relatos sobre as viagens de Paulo permite a conclusão de que o autor de Atos realmente usou um itinerário ou relato de viagem que pode ter sido escrito por um companheiro de jornada de Paulo. Ao mesmo tempo, o autor de Atos também empregou "nós" como expediente estilístico em seções para as quais ele certamente não utilizou nenhuma fonte.

[31] Já MARGUERAT, 2003, p. 27, compreende o empreendimento de Lucas como uma colagem de documentos consultados e reescritos novamente, pois não consiste a marca de um bom escritor tornar invisível seus empréstimos?

[32] CARSON, 1997, p. 211.

[33] Acredita VIELHAUER, 2005, p. 421 que o recurso literário do relatório foi simulado pelo próprio autor para se fazer passar por testemunha ocular. Conforme ele afirma o problema da Fonte "Nós" é: 1) como texto-fonte pode ser comprovado razoavelmente apenas pelo itinerário; ele não foi introduzido no livro como um todo, mas fornece um fio condutor para At 13,4-21,18; 2) uma fonte de origem não-cristã, que originalmente nada tem a ver com Paulo, serve de base para o relato da viagem de At 27,1-28,2; 3) o outro material de fontes consiste de narrativas

Em Atos surgem as mesmas questões dos Evangelhos a respeito do que Jesus ensinou e acreditou. Atos busca apresentar uma narrativa da pregação e da vida dos primeiros cristãos em geral e dos apóstolos, em destaque Paulo. Muitos argumentam que a teologia de Paulo apresentada por Lucas difere das cartas paulinas, acusando Lucas como alguém que não conheceu Paulo ou não entendeu os ensinos paulinos e acabou fazendo um relato impreciso.

> Em primeiro lugar, há uma diferença entre o próprio Paulo e o autor de Atos quanto ao título de apóstolo: o próprio Paulo reivindica para si este título (*1Cor* 1,1; 9,2) com igualdade de posição junto a Cefas e Tiago. Em *At* este título é ignorado: aqui Paulo é visto como mero missionário, igual a Barnabé. Além disso, Lucas elabora "discursos de Paulo" que não fecham com a teologia do Paulo das cartas autênticas. Típico é o "discurso" de Paulo no areópago (At 17,22b-33): Lucas mostra um Paulo todo condescendente com a religiosidade pagã, enquanto o Paulo das epístolas autênticas não tem nada disso. [34]

Fica a pergunta se o autor de Atos foi um companheiro de Paulo. Para a crítica histórica é certo que não há autoria lucana e fazem oposição declarada a esta forma de pensar. Para isso dão os seguintes argumentos[35]:

1) Os dados sobre a estadia de Paulo em Jerusalém após sua conversão em Atos conflitam com o relato em Gálatas 1 e 2.

2) O relato sobre o concílio dos apóstolos em Atos 15 não bate com os dados de Paulo em Gálatas 2.

---

originalmente independentes, dentre as quais uma ou outra pode ter existido em forma literária; a isso se juntam listas de nomes e outras tradições, mas que não podem mais ser definidas como modelos. Estranha que o autor não recorre às cartas paulinas.

[34] RABUSKE, Irineu José. *A igreja em suas origens*: revisitando os atos dos apóstolos. Teocomunicação Porto Alegre, v. 42, n. 1, jan./jun, 2012, p. 7

[35] Esses pontos foram enumerados a partir das supostas discrepâncias teológicas identificadas por Philipp Vielhauer, cujo ensaio do assunto é uma espécie de clássico. VIELHAUER, 2005, p. 420-421.

3) Nas suas cartas, Paulo se autodenomina apóstolo com muita convicção (1Co 9,1s; 5.9; 2Co 12,11s; Rm 11,13). Em Atos, no entanto, Paulo só é chamado de apóstolo juntamente com Barnabé em 14,4-14. Em outras passagens é feita a distinção entre ele e os apóstolos (9,26-31; 15, 2, 6,22s; 16,4).

4) Ao lermos o discurso de Paulo no areópago, temos a impressão de que o autor de Atos não conhece o ensino radical de Paulo sobre a perdição de todos os seres humanos.

5) O autor não dá a entender que ele compreendeu a mensagem do crucificado — o cerne do ensino paulino sobre a salvação.

No entanto alguns autores supõem a veracidade da autoria de Lucas, conforme afirmou Hörster:

> M. Dibelius considera esses trechos parte de um diário (itinerário) de viagens, que Lucas usou e citou. O autor teria introduzido o "nós" para indicar que nesses trechos ele era companheiro de viagem de Paulo. Com isso Dibelius considerou confiável a tradição da igreja antiga quando afirma que Lucas, como companheiro de viagens de Paulo, foi o autor de Atos dos Apóstolos.[36]

A discussão continua admitir que Lucas escreveu Atos e faz parte da Fonte "Nós" como supõem Dibelius, mas é tida como impossível, como sustenta Kummel.[37] Se tomarmos a discussão como concluída deixamos o caminho aberto para se afirmar que o cenário descrito por Lucas repousa sobre poucas evidências concretas e representa uma idealização individual. No entanto fica a questão: quais são as reais intensões de Lucas? e onde ficam suas intensões históricas?[38]

---

[36] HÖRSTER, Gerhard. *Introdução e Síntese do Novo Testamento.* Curitiba-PR: Editora Evangélica Esperança, 1996, p. 45.

[37] VIELHAUER, 2005, p. 420. Sobre a discussão de Kummel ver HÖRSTER, 1996, p. 46.

[38] MARSHALL, Ian Howard. Teologia do Novo *Testamento: diversos testemunhos um só testamento.* São Paulo: Edições Vida Nova, 2007, p. 140. Marshall declara-se partidário dos que põe em alta consideração a confiabilidade histórica de Lucas e Atos. No entanto ele

A procura de fontes, por matérias da tradição em Atos, não levou a nenhum resultado evidente e conclusivo em termos quantitativos e qualitativos, mas nos impressiona como o autor produziu com esse material um livro quase igual o Evangelho de Lucas e de tom uniforme e coerência.

1.3 A relação entre Lucas e Atos

Quatro diferentes histórias de vida, ministério e morte de Jesus são apresentadas no cânon do Novo Testamento. Por outro lado, entre os escritos apenas um contém as histórias das vidas e ministérios de seus discípulos. Indubitavelmente Lucas oferece aos seus leitores o relato dos começos. Esta outra história, ou seja, a dos discípulos que vemos em Atos é introduzida por uma dedicação dirigida à mesma pessoa mencionada na dedicação que abre o Evangelho de Lucas. A história em si começa por retomar o último episódio que foi no Evangelho; ele continua falando das histórias de dois dos principais protagonistas das primeiras comunidades cristãs. Frequentemente o faz de uma forma que convida o leitor a comparar um com o outro e ambos com Jesus. Dar a entender que "muito do que Jesus fez é feito por Pedro, em seguida, também repetiu mais uma vez por Paulo; os apóstolos são em grande parte modelado após a figura de Jesus"[39].

Essas observações nos escritos de Lucas são indicadas geralmente como suficiente para concluir que um único e mesmo autor deve ter sido responsável pelas duas obras. O que chamamos de obra dupla, entende-se por "Lucas-Atos". Henry Cadbury defendeu que tanto o estilo como o

---

salienta que isso não significa que a teologia do autor de Atos deva simplesmente ser identificada com a de quaisquer dos personagens da narrativa. Nem defende que a reconstrução de Lucas sobre as concepções desses indivíduos não possa ser aberta a um exame detalhado.

[39] VERHEYDEN, Joseph. The unity of Luke-Acts: one Works, one author, one purpose? In: ADAMS, Sean; PAHL, Michael. *Issues in Luke-Acts*: selected essays. Gorgias handbooks, 2012, p. 27.

vocabulário do Evangelho e Atos são provas de que os dois foram escritos pelo mesmo autor, e que eles foram concebidos e escrito como uma unidade original. Sua monografia[40] tem dominado a discussão por muitas décadas e continua a ser uma posição importante hoje. Três de suas conclusões são particularmente importantes: a) A visão de que Lucas-Atos constituem uma unidade é baseada, sobretudo, no prólogo em Lucas 1,1-4, em que Cadbury analisa como a introdução tanto do Evangelho e do livro de Atos; b) Cadbury tomou as últimas palavras do prólogo tanto do evangelho como de Atos como um pedido de desculpas para a cristandade que precisava ser defendida e protegida. Isso explicaria por que Lucas coloca tanta ênfase em Lc 1,4 na "verdade" da mensagem que ele está trazendo e sobre a necessidade de convencer Teófilo; e, c) Cadbury não ver nenhum problema com o fato de que Lucas e Atos pertencerem a diferentes gêneros. Posteriormente com esses conceitos passaram pela crítica redacional (*Redaktionsgeschichte*), mas com a obra de Hans Conzelmann, *Die Mitte der Zeit*, a definição de uma obra dupla perdurou na academia.[41]

A igreja Antiga sempre afirmou que Lucas e Atos eram de um mesmo autor. A tradição cristã afirma unanimemente que este autor é Lucas. Esse reconhecimento é visto pelo que recebemos de algumas informações nos seguintes escritos

> Irineu escreve: "Lucas, companheiro de viagem de Paulo, registrou o evangelho por este pregado em um livro". No Cânon Muratório (final do século II) lemos o seguinte: "O terceiro evangelho, segundo Lucas. Esse médico o escreveu depois da ascensão de Jesus quando Paulo o requisitou para guia de suas viagens, de acordo com o pensamento deste. Mas ele também não viu o Senhor em carne, e por isso, com base no seu

[40] Henry Joel Cadbury foi o primeiro a dar, em 1927, o nome Lucas-Atos, devido a sua célebre monografia de 1927, The making of Luke-Acts. Em MARGUERAT, 2003, p. 53.
[41] VERHEYDEN, 2012, p. 29-30

> conhecimento, ele também inicia a relatar desde o nascimento de João".[42]

Depois dos esforços de Henry Cadbury e posteriormente Martin Dibelius, o impulso para explorar a unidade dos textos nas perspectivas literárias e teológicas foram maiores. Hoje, Lucas-Atos representa uma entidade muito recente na história bimilenar nos estudos do Novo Testamento. Essa entidade se impôs de forma tão segura que hoje é tratada como *fato consumado*[43]. Sem dúvidas esse quesito trouxe para os estudos uma metodologia considerável, ou seja, para fazer uma leitura correta de Lucas é necessário que se una o que foi separado pelo cânon. Com isso, essa medida heurística tem sido de incontestável fecundidade, permitindo perceber nos escritos a grandeza do material histórico, literário e teológico de Lucas.

Mesmo sendo profícuo trabalhar uma metodologia que trate o livro como duas obras é categórico afirmar que esse "texto desperta desconfianças por razões formais e de conteúdo"[44]. Parsons e Pervo em, *Rething the Unity of Luke and Acts*, são vozes recentes que tentaram "repensar a unidade de Lucas-Atos" dando atenção às tensões internas na obra observando: os gêneros literários diferentes; o tratamento diferente nas fontes; de uma temática central - o Reino de Deus (Lc) – a um kerygma fundamentalmente cristológico (At); a dualidade justo-pecador que desaparece em Atos; a autoridade da Torá que desaparece em Atos; as palavras duras de Jesus dão lugar a uma ética da partilha dos bens em Atos[45].

---

[42] HÖRSTER, 1996, p. 29.

[43] De acordo com MARGUERAT, 2003, p. 54 para a pesquisa dos escritos lucanos é uma grande conquista na exegese de Lucas-Atos termos "um livro em dois volumes", todavia Marguerat acredita que seja mais apropriado dizer, ao invés de "conquista", dizer uma "proposta heurística", algo a ser sempre questionável.

[44] VIELHAUER, 2005, p. 413.

[45] PARSONS; PERVO *apud* MARGUERAT, 2003, p. 54-55.

Com base nestas disparidades os autores não questionam a unicidade, mas sim a homogeneidade da obra, tanto literária, teológica e de gênero. Essa observação é pertinente e digna de atenção. O grande trunfo do seu livro pode muito bem ser que ele oferece uma advertência àqueles que estariam inclinados confortavelmente para resolver toda a questão, aderindo a "solução evidente" de Cadbury; como tal, é uma chamada para levar as diferenças a sério e olhar para a evidência de forma mais detalhada e talvez também mais crítica do que Cadbury tinha feito.[46]

Cadbury certamente não foi à última palavra sobre a questão, e nem foi Parsons e Pervo. O debate continuou novos caminhos são explorados e velhas questões são tratadas de uma maneira nova. Isso se deve as recentes pesquisas em Lucas-Atos. Richard Pervo mais uma vez contribui na reflexão destes textos. Em sua monografia, *Dating Acts: Between the Evangelist and the Apologists*, Pervo compartilha da ideia de que Atos tenham sido escrito na penúltima ou última década do primeiro século. Seu argumento envolve muitos aspectos, incluindo hipóteses sobre a utilização das fontes de Lucas (entre estas, Flavio Josefo) e uma comparação com os Pais Apostólicos. Entre os argumentos Pervo insiste que Atos fora escrito várias décadas depois de quando o Evangelho já tinha sido concluído, sua ideia de ler Lucas mais tarde como um "prefácio" para Atos, ou como tendo sido composto com um olho aqui e no que viria a seguir, não seria completamente invalidado.[47]

Chama a atenção duas observações feitas por Pervo[48]. Uma delas se refere aos anacronismos, seu interesse por palavras, assuntos, ou instituições que possivelmente não podem ser ligadas ao último trimestre do primeiro século, ou apenas com dificuldade.

---

[46] VERHEYDEN, 2012, p. 31.

[47] PERVO *apud* VERHEYDEN, 2012, p. 40.

[48] VERHEYDEN, 2012, p. 40-42 analisa dois dos argumentos de Pervo desenvolvidos no seu oitavo e último capítulo de *Dating Acts: Between the Evangelist and the Apologists.* (Santa Rosa, California: Polebridge, 2006).

> A um conjunto de anacronismos que Pervo considera ser "menos discutível e mais convincente" tem a ver com a organização da comunidade. Quando os presbíteros viram a ser chamados de bispos, os indivíduos são nomeados como diáconos, e as viúvas recebem uma voz na comunidade, estamos no "mundo do início do segundo século".[49]

Um segundo argumento tem a ver com a identificação da geração de Lucas. Como Pervo vê no prólogo de seu Evangelho Lucas teria se apresentado como pertencente à terceira geração de cristãos. A primeira geração seria a dos apóstolos. No entanto quando menciona em Lc 1,1 "muitos" não significa que é um membro da terceira geração.[50]

> Ele compete com "muitos" e implicitamente afirma ultrapassá-los, mas ele não diz que ele é um filho de uma geração mais tarde. Mas mesmo se fosse esse o caso, pode-se perguntar onde que coloca Lucas em termos de cálculo das décadas que se passaram desde a morte de Jesus. Membros proeminentes da primeira geração haviam falecido já no início dos quarenta e poucos anos; a morte de outros tais membros não podem ser datados com muita certeza, mas o relato de Lucas em Atos não permite datar a morte de Paulo nos anos cinquenta. Não está claro por que um critério foi imputado pertencem à segunda ou terceira geração.[51]

---

[49] VERHEYDEN, 2012, p. 41(tradução nossa).

[50] Pervo usa como critério oficial e formal de ser nomeado sucessor de um antecessor ("as nomeações dos nomeados" da a terceira geração), um critério que é formulado pela primeira vez pelo autor de 1 Clemente. Mas se isso também é critério de Lucas, não há qualquer evidência em Atos que o colocaria na terceira geração. Gerações sobrepõem. A segunda geração não começou no momento em que o último representante do primeiro havia falecido. Assim, os membros da terceira geração podem já ter sido ativo numa data muito mais cedo do que Pervo parece supor com base em 1 Clemente. E então, novamente, mesmo se 1 Clemente fala de uma terceira geração que está gradualmente tomando conta de seus predecessores, provavelmente ainda estão no final dos anos noventa do século I não tão distante no tempo, a partir de uma das sugestões tradicionais, em algum momento entre 85-90, que muitos têm aceito para Lucas. VERHEYDEN, 2012, p. 42.

[51] VERHEYDEN, 2012, p. 42 (tradução nossa).

Parece que nenhum destes argumentos são realmente decisivos para jogar fora Atos do primeiro século. Outro argumento contra a unidade de Lucas e Atos foi apresentado recentemente por Patrícia Walters[52]. Ela se concentra no autor e na "unidade autoral". A crítica não é nova, tem a ver com as diferenças em matéria de estilo e ritmo entre o Evangelho e Atos. Ela argumenta a partir da ideia de que "Atos era um novo empreendimento, uma nova tarefa, Lucas precisava usar um novo estilo".[53] O argumento não impressiona, embora seja teoricamente não impossível ou mesmo improvável que tal pode ter sido o caso. Walters compara um corpo selecionado de textos do Evangelho e Atos que são geralmente considerados da mesma autoria lucana e encontra presente nos chamados "resumos".[54] Dentro destes corpos a autora está à procura de um número de fenômenos: hiato, dissonâncias, longas sequências de sílabas longas, frases preposicionais finais e chega a uma conclusão possível de uma autoria diferente entre os textos. Uma boa parte do seu argumento repousa sobre estatísticas, que por si só podem ser bastante questionável, podendo ser usado de uma maneira muito mecânica ao julgar sobre a obra de um autor, mas também que é relevante quando ela mostra diferenças altamente significativas.[55]

A questão da coerência dos trabalhos de Lucas, de como ele tem de ser explicado e como contabilizar as diferenças, é muito mais complicado do que muitos podem ter pensado. Para Cadbury, e muitos outros como ele, "coerência" é igual a "unidade": Lucas-Atos foi concebido como um trabalho e criado em conformidade, que foi posteriormente dividido como

---

[52] VERHEYDEN, 2012, p. 43-46 desenvolve a argumentação de Patrícia Walters a partir da obra *The Assumed Authorial Unity of Luke and Acts: A Reassessment of the evidence. Cambridge: Cambridge University Press, 2009.*
[53] VERHEYDEN, 2012, p. 43 (tradução nossa).
[54] VERHEYDEN, 2012, p. 43 faz referência a coletânea de resumos a partir da obra de Walters, p. 73-74 (Evangelho) e p. 87-88 (Atos).
[55] VERHEYDEN, 2012, p. 43,44.

um mero acidente da história.[56] Gerações posteriores de estudiosos tornaram-se mais sensível para a complexidade, mas também para as dinâmicas que estão no trabalho. Ler Lucas-Atos na hipótese de que ele foi originalmente concebido pelo mesmo autor e este trabalho está dividido em duas partes que estão a ser lido como um, provou ser uma abordagem interessante e gratificante. Objeções podem ser levantadas contra tal abordagem, mas não parecem invalidar esta conclusão. Ela pode não ser a abordagem absolutamente perfeita, aquele que resolve todos os problemas, de uma vez para sempre e sem uma discussão mais aprofundada. Mas esse é o nosso destino na maioria das discussões acadêmicas.[57]

Segundo, é impossível dizer com certeza e com algum detalhe quanto do segundo trabalho estava disponível para Lucas. Se quando ele começou a escrever a primeira parte, nem de que forma ele estava disponível (por exemplo, uma mera ideia geral sobre a história da Igreja, algum tipo de estrutura global, histórias específicas tomadas da tradição oral ou possivelmente até mesmo fontes escritas, ou o plano de escrever esta continuação após o modelo da primeira parte e com forte ênfase sobre os paralelos). Mas, não invalida a hipótese.[58]

1.4 O caráter literário e a tendência teológica

Como historiador Lucas quer fazer da tradição de Jesus e das tradições da Igreja primitiva uma *diegesis* (relato, narração)[59]. Uma narrativa histórica como denota a expressão técnica *pragmata* como

---

[56] VERHEYDEN, 2012, p. 48.
[57] VERHEYDEN, 2012, p. 49.
[58] VERHEYDEN, 2012, p. 49.
[59] FITZMYER, 1986, p. 288-290 questiona o porquê de Lucas em sua narrativa evangélica não se utiliza do termo Euangelion. Ele só introduz o termo no livro de Atos: nos lábios de Pedro (At 15,7) e outra vez no discurso de despedida de Paulo (At 20,24). Ao preferir a *diegesis* ao ponto de coloca-lo como título de sua obra, Lucas define toda a sua composição como um autêntico "relato" e o descreve como uma terminologia normalmente usada por literatos e historiadores helenistas.

ressalta em Lucas 1,1. Não apenas como uma biografia no sentido restrito. O caráter literário da obra lucana é indicado pelo prólogo do evangelho (Lc 1,1-4). Seguindo as tendências helenistas Lucas é o único autor neotestamentário que começa seu livro com um prefácio:

> Visto que muitos empreenderam compor uma narração dos acontecimentos realizados entre nós, segundo o que nos transmitiram aqueles que foram desde o começo testemunhas oculares e se tornaram servidores da palavra, pareceu-me bom, também a mim, depois de me ter cuidadosamente informado de tudo a partir das origens, escrever para ti uma narração ordenada, excelentíssimo Teófilo, a fim de que possas verificar a solidez dos ensinamentos que recebeste.[60]

As intenções de Lucas são claras. Ele quer enquadrar a história de Jesus historicamente. O prólogo mostra um grande interesse pela história, Lucas não quer se ater apenas a uma questão didática, sua intenção é convencer mais que informar.[61] Por isso é consciente da distância histórica que separa da origem de sua fé, a atividade de Jesus, busca superar a distância mostrando os fatos de forma bem estabelecida e interpretada, evidenciando a *asfaleia* (segurança, solidez) de seu evangelho, trabalhando de forma a trazer aos receptores de seu evangelho a confiança que merece o testemunho que fundamenta a sua fé. [62]

Lucas não quer relatar a história de um povo e nem de uma cidade; seguindo a tradição da Igreja primitiva, quer mostrar como Deus, por meio de seu Filho, realizou o ato decisivo da salvação e como se estendeu esta notícia e como foi testificado pela ajuda do Espírito de Deus.[63] Não se sabe

---

60 BÍBLIA, Tradução ecumênica, Evangelho de Lucas, cap.1, v.1-4, São Paulo: Edições Loyola, 1994.
61 BOVON, 1995, p. 35
62 GOPPELT, Leonhard. *Teologia do novo testamento*: pluralidade e unidade do testamento apostólico a respeito de Cristo. v. 2. São Leopoldo-RS/Petrópolis: Sinodal/ Vozes, 1982, p. 524.
63 BOVON, 1995, p. 35

se ele tem um empreendimento que fundamente a certeza da salvação mediante a certeza histórica, mas tomando por base o prólogo Lucas parece não saber a tarefa que está a sua frente baseando numa simples teologia histórica, mas que tem "uma visão muito mais clara e profunda da estrutura do processo traditivo como também do objeto transmitido".[64]

A tradição sinótica demonstra como a comunidade primitiva retomou a pregação de Jesus e continuou a anunciá-la. E na medida em que o fez, Jesus tornou-se o mestre e profeta. Jesus deixou de ser apenas o portador da mensagem para tornar-se a própria mensagem, é o seu conteúdo essencial. O anunciador veio a ser o anuncio.[65] No intuito da reconstrução da tradição Jesuína, Lucas desenvolve seu texto com uma técnica mais avançada em relação aos demais sinóticos. Ele indica situações "historizantes", situações essas que servem para explicitar, motivar e concretizar os fatos narrados. A título de exemplos tomemos Marcos e Q para essa exemplificação: Marcos havia entendido a pregação messiânica do Batista em Mc 1,7s, segundo o contexto, como um sumário, uma pregação sempre repetida. Já Lucas acrescenta a essa palavra de Batista uma introdução Lc 3,15; considerando-a como resposta única em determinada situação. Quanto a Q analisamos a resposta de Jesus à consulta de Batista se ele era vindouro (Lc 7,20-23; Mt 11,2-6). Segundo Lucas uma detalhada introdução (v.18-20) é apresentada, acompanhada com intercalações de perguntas e respostas, uma nota referente ao fato de Jesus ter curado doentes naquela hora (v.21), conferindo a resposta de Jesus um fundo de pano concreto. São nestas e em outras historizações que é possível ver a intenção biográfica de Lucas.[66]

---

[64] GOPPELT, 1982, p. 524.

[65] BULTMANN, Rudolf. *Teologia do novo testamento.* São Paulo: Editora Teológica, 2004, p. 74.

[66] VIELHAUER, 2005, p. 402.

Essa observação que Vielhauer faz é interessante. O que o autor tem de material fixo ele mantinha o limite, mas aonde Lucas podia de fato agir livremente, ele é biográfico. Isso é percebido nas histórias de infância.[67]

> Com as narrativas circulantes sobre a anunciação e do nascimento do Batista e de Jesus ele conforma uma narrativa coerente artisticamente entrelaçada, na qual os acontecimentos paralelos individuais se correspondem numa agradável proporção, na qual se cruzam as duas linhas no encontro das mães e em cuja condução se destaca a superioridade de Jesus, o Messias, sobre João, seu precursor.[68]

As medidas historizantes tomadas por Lucas não são descabidas, a necessidade da biografização da tradição Jesuína determina as circunstâncias. Apresentar uma tradição teológico-eclesiástica por meio de uma visão histórica de Jesus como um período da história salvífica universal é de extrema necessidade para Lucas.[69] O motivo deste projeto na primeira obra lucana está na busca de responder questões como: a demora da parusia e a extensão do tempo (a continuidade).

> A exposição de Lucas busca, baseado nessas condições, caracteriza-se por dois fatores e diferencia-se por meio deles dos evangelhos existentes até então (Lc 1,3): Ela se fundamenta em acurado exame da tradição (depois de acurada investigação desde sua origem) e se propõe a escrever os acontecimentos *kathexes* (em ordem). Comparando-se Lucas com Mt e Mc, constata-se de fato que o autor se esforça em apresentar a atividade de Jesus como história progressiva contínua. Continuidade é um fator essencial da História. Portanto, Lucas quer apresentar a atividade de Jesus como História que responde ao

---

67 Uma das finalidades das narrações de infância é mostrar a incorporação e o pertencimento de Jesus, desde o seu nascimento, ao judaísmo palestinense. FITZMYER, 1986, p. 298.
68 VIELHAUER, 2005, p. 402
69 Essa visão foi elaborada por CONZELMANN, Hans. *El centro del tiempo*: la teologia de Lucas. Madrid: Fax, 1974.

plano de salvação, ou seja, como história no sentido do autor.[70]

A história de Jesus fica cada vez mais distante e se afasta cada vez mais do presente da Igreja, A relação Igreja com o tempo de Jesus se torna cada vez mais tensa e requer de Lucas uma intervenção com a proposta da História da Salvação.[71]

Atos dos Apóstolos surge como uma continuação dos relatos das atividades de Jesus no decorrer da história. Não difere substancialmente da primeira obra quanto à narração do evangelho. Pelo menos o que se pode dizer de Atos é que propõe oferecer um panorama da continuidade dos acontecimentos de Cristo. O livro centra em mostrar como a palavra de Deus cresce se propaga, e como ela vai se expandindo no mundo. Bultmann não ver com confiança o livro de Atos, antes o considera "apenas um quadro incompleto e de colorido lendário da comunidade primitiva, é possível conseguir uma imagem histórica apenas via reconstrução".[72] "A dificuldade que encontramos na pesquisa histórica das obras de Lucas se deve a tendência de julgar a Lucas com os critérios da historiografia moderna."[73]

O fato é que a ideia de apresentar uma história coesa da missão e expansão do cristianismo, como uma continuidade do Evangelho, era algo novo e incomum. Seria algo até descabido de pensar em uma comunidade que esperava entusiasmada o fim do mundo iminente. A finalidade do livro toma contornos de origem, ou seja, Lucas escreve para que seu público

---

[70] GOPPELT, 1982, p. 525.

[71] O propósito de Lucas não é anunciar à salvação a margem da situação histórica, senão dar testemunho da história da salvação segunda a vontade de Deus através da história concreta. BOVON, 1995, p. 35. Já GOPPELT, 1982, p. 525 discorda, a confiabilidade do testemunho de Jesus não pode ser comprovado por provas históricas. Certeza poderá oferecer somente a exposição que demonstrar a correspondência dessa sucessão de acontecimentos históricos com o plano salvífico. Contribui muita na explanação desse tema FITZMYER, 1986, p. 299-325.

[72] BULTMANN, 2004, p. 74.

[73] FITZMYER, 1986, p. 40.

possa se compreender e se explicar (aos outros, aos judeus, aos pagãos). Seu objetivo é a busca da identidade.[74]

> Lucas parece ter sido o primeiro a apresentar um movimento de forma histórica. Em todo caso, pela primeira vez na história do cristianismo, Lucas reconheceu a necessidade de dotar a cristandade de seu tempo de um instrumento de autocompreensão, por meio não apenas de uma história do fundador (o Evangelho), mas também de uma história de fundação.[75]

Muito se questiona a respeito das fontes de Atos. Se tiver influências de seu tempo, certamente assumiu metodologias literárias de outros "historiadores" da época. Lucas dispõe de fontes escritas, de diversos materiais e de numerosas informações. Apoia-se nas obras dos que lhe precederam buscando "relaborar e incorporar a sua própria composição na medida em que já não reconhece como tal"[76] Sem dúvidas Atos é uma obra atípica, é preciso aceitar o fato que a exposição ali exposta foi um grande desafio para o autor. A escassez da tradição e a falta de um modelo específico dificultaram imensamente a realização de seu trabalho, mas contribuiu para que Lucas pudesse usufruir das suas capacidades literárias. Diferente do Evangelho em Atos ele tem o desafio de reunir tradições individuais coletadas e de outras informações que conseguiu, e estabelecer nexos.[77]

---

[74] MARGUERAT, 2003, p. 42 entende que ao escrever sua obra Lucas quer mostrar a seu público quem ele é, de onde vem, o que construiu. Seria sua obra uma apologética em sentido amplo, articula seu texto de forma a defender e a ilustrar a fé cristã. Essa identificação é semelhante aos historiadores antigos que fazem exatamente este papel, descrevendo a história do passado, o leitor por intermédio dessa leitura, compreenderia quem ele mesmo era.

[75] MARGUERAT, 2003, p. 42.

[76] BOVON, 1995, p. 36 (tradução nossa).

[77] VIELHAUER, 2005, p. 423-429. Neste desafio coube ao autor o estabelecimento de coesão, ou seja, nos itinerários de Paulo a coesão já estava estabelecida a grosso modo pelo itinerário de viagens, mas para At 1-12 esta disposto apenas histórias avulsas. Não bastava interligá-las como nos Evangelhos (com "e", "naqueles dias", "imediatamente", "dali", etc). Para produzir a

Reunindo os acontecimentos individuais conhecidos desde a ascensão e pentecostes até a atuação de Paulo em Roma em uma unidade, o autor construiu um período coeso[78] e o coloco-o sob o ponto de vista de At 1,8 (de Jerusalém aos confins da terra), interpretou essa história como uma época especial da história da salvação. É um historiador em sentido teológico. A história de Lucas é uma história da salvação.[79] Marguerat esclarece de forma bem categórica o realce teológico na obra de Atos; para ele Lucas é historiador e teólogo, mas precisamente ele é historiador porque é teólogo, pois é na história que o ser humano se encontra com o divino contrariando a perspectiva escatológica.[80] Outro ponto evidente é a inserção da salvação na história, Lucas não encurta distâncias temporais, a volta de Jesus continua sendo o horizonte da história (At 1,11). Lucas vê abrir um futuro para a cristandade que valoriza mais os efeitos da ressurreição de Jesus do que uma iminente parusia.[81]A história diz também sobre continuidade e mudança, ou seja, a história não é desconexa mais possui uma ordem, uma sucessão de fatos que de forma cronológica vai se apresentando no decorrer do tempo.[82] Já Conzelmann identifica que Lucas está interessado na continuidade da história salvífica, mas de igual modo faz críticas em seu transcurso terreno[83], discernindo o permanente do

---

impressão essa impressão ele recorre a sumários. Os sumários generalizam o que os relatos individuais contam. Ver os seguintes textos At 4,32-35; 2,42-47; 5,12-16; 6,8; 9,21; 12,24; 11,19-21; 19,8-12,17-20. Com esses recursos simples consegue fazer uma ligação dos materiais e dar a impressão de um nexo histórico aos acontecimentos.

78 GOPPELT, 1982, p. 529 afirma que Lucas, sem dúvida, apresenta um desenvolvimento contínuo em sua obra, mas essa continuidade consiste no desdobramento do plano de salvação e não uma continuidade histórica coesa.

79 BORNKAMM, Günther. *Bíblia. Novo Testamento*: introdução aos seus escritos no quadro da história do cristianismo primitivo. 3. ed. São Paulo: Editora Teológica/ Paulus, 2003, p. 79.

80 O pensamento apocalíptico é estruturado por um forte dualismo, que o faz execrar o mundo em nome do Reino vindouro. Cf. MARGUERAT, 2003, p.45.

81 É a ressurreição o fator de transformação da história para MARGUERAT, 2003, p. 46.

82 Lucas tem a necessidade de periodizar cada relato. Sejam quais forem esses dados de Lucas procura dar uma cadência do tempo correspondente. Empenha-se em mostrar como a salvação se manifestou na história, narrando-os, datando-os e localizando-os. Cf. MARGUERAT, 2003, p. 46.

83 BOVON, 1995, p. 44. Lucas não distingue três períodos na história da salvação, como comummente se acredita depois de Hans Conzelmann (o tempo da promessa, o tempo de Jesus como o centro do tempo e o tempo da Igreja), senão somente o: tempo da promessa e o

passado. Assim como estruturou o tempo de Jesus, também estruturou o tempo descrito em Atos, bipartindo Atos em dois períodos: O da comunidade primitiva e o da missão mundial.[84]

Conexo à perspectiva de mudanças identifica-se na "teologia da história de Lucas: a continuidade entre o judaísmo e cristianismo".[85]Os numerosos discursos de Atos esforçam por sinalizar que os indícios de continuidade sejam de ordem textual (pelo uso intensivo da Septuaginta), seja geográfica (o papel emblemático de Jerusalém) ou pessoal (digo quando a modalização, isto é, apresentando Paulo[86] como um modelo[87] de Jesus e Pedro).[88]

Do ponto de vista histórico teológico o empreendimento de Lucas é uma tentativa de superação de uma situação histórico-eclesiástica e histórico-teológica o problema da relação do cristianismo que se tornou cada vez mais distante de seu início. Tendo como finalidade eclesiástica proporcionar a Igreja de seu tempo uma autocompreensão clara e solida de sua fé e responsabilidades. Reconhecendo sua tarefa de levar o testemunho de Jesus "até os confins da terra" (At 1,8), que nisso enfrentará os perigos internos e externos, e ter a certeza do destino histórico-salvífico, de que, uma Igreja combatente e sofredora será triunfante. Mantendo-se fiel em

---

tempo do cumprimento, que se divide em: tempo de Jesus e o tempo dos testemunhos, e estes últimos em dois: o tempo dos testemunhos oculares e a geração presente (Lc 1,4).

[84] CONZELMANN, 1974, p. 7-12.

[85] BORNKAMM, 2003, p. 81.

[86] VIELHAUER, 2005, p. 431-432. Paulo um portador da continuidade. O verdadeiro interesse teológico de Lucas reside na comprovação de que através dos apóstolos, do missionário mundial Paulo e dos presbíteros da comunidade essa tradição chegou de Jesus até o presente de modo inalienado, que via tradição existe em conexão da Igreja atua com Jesus.

[87] Lucas dá um papel importante a imitação de um modelo, chamada de síncrise, nome dado a uma técnica retórica muito antiga, que implica na apresentação de um personagem imitando outro, a fim de comparar ou estabelecer entre eles uma correlação. A síncrise cria uma rede de correlação internas a obra de Lucas como, por exemplo: o martírio de Jesus e o apedrejamento de Estevão (Lc 23,34-46 e At 7,55-60) ou por meio de um mesmo roteiro narrativo, como o encontro de Emaús e a conversão do Etíope (Lc 24,13-35 e At 8,26-40). MARGUERAT, 2003, p. 65.

[88] MARGUERAT, 2003, p. 46.

virtude de suas tradições ela é em outras palavras, a presença do Cristo na terra.[89]

1.5 A questão do gênero

O estudo investigativo do gênero do Evangelho de Lucas e os Atos dos Apóstolos é realizado de forma a ver as obras tanto como separadas, como unificadas. As recentes questões que discutem o gênero em Lucas e Atos fazem menção de estudiosos fundamentais que fizeram contribuições significativas para o debate.

Antes de tentar atribuir rótulos de gênero para Lucas e Atos, vale mencionar sua formação literária e da natureza de gênero deve ser destacada. Tanto Lucas e Atos foram escritos na segunda metade do primeiro século.[90] Esta foi uma época em que houve substancial produção literária e engenhosidade de gêneros, tanto na literatura latina quanto na literatura grega. Além disso, a facilidade de viajar facilitou a distribuição de literatura, particularmente entre as associações de grupo. Ao mesmo tempo, as conquistas romanas do mundo helenizado grego forjou uma nova mistura de culturas que precipitaram criatividade e experimentação em obras literárias, particularmente no tratamento de gênero.[91] Por conseguinte, observa se no Império não uma rigorosa delimitação, rígida de categorias de gênero, mas uma concepção de gênero flexível, fluida.

Quando se trata do gênero de Lucas é amplamente difundida de que este Evangelho é mais bem compreendido como uma biografia antiga.[92]

---

[89] VIELHAUER, 2005, p. 435.

[90] Data-se Lucas para o ano 80 mais ou menos, e Atos para o ano 90 aproximadamente; mas não se passa de conjecturas. VIELHAUER, 2005, p. 436.

[91] ADAMS, Sean. The genre of Luke-Acts: the state of the question. In: ADAMS, Sean; PAHL, Michael. *Issues in Luke-Acts*: selected essays. Gorgias handbooks, 2012, p. 97-98

[92] MARGUERAT, 2003, p. 37. Marguerat não tem dúvidas do gênero literário de Lucas seja uma biografia greco-romana já não suscita grandes problemas no meio acadêmico hoje em dia. Lucas apresenta grande afinidade com as *Vidas* dos filósofos. Citando D. Aune pontua que a

Embora essa visão nem sempre tenha sido dominante. No início do século XX, na sequência do programa da crítica da forma, houve total descrédito para a visão de que os evangelistas eram autores. Antes se dividiu o texto de forma discreta em uma tentativa de chegar por trás do texto a suas fontes, o valor do todo literário e o papel do autor no processo de criação foram negligenciadas.[93] Essa visão, no entanto, foi contestada pela ascensão da crítica de redação, que trouxe o foco renovado sobre o papel do autor/editor.[94] Seguindo esta linha teorica, Burridge em seu trabalho *What are the Gospel? A Comparison with Graeco-Roman Biography* adaptando a perspectiva dos outros, argumentou com sucesso que os Evangelhos são biografias antigas.

> Em seu estudo, Burridge compara características formais dos Evangelhos com os de uma seleção diversificada de biografias Greco-Romanas e conclui que o foco na pessoa de Jesus, bem como uma série de características biográficas formais situa confortavelmente os Evangelhos dentro do gênero biografia. [95]

Há, entretanto, alguns que não concordam com esta posição, o que sugere que Lucas é mais bem compreendido como um tipo de história helenística. Em um excelente artigo Rabuske propõe uma ilustração próxima a Lucas, trata-se do ocorrido com o historiador judeu Flávio Josefo, que acompanhou a campanha militar de Vespasiano e Tito contra Jerusalém nos anos 68-70.

---

partir do ponto de vista formal e funcional os evangelhos de uma maneira geral constituem uma subcategoria da biografia antiga.

[93] ADAMS, 2012, p. 98-99.

[94] ADAMS, 2012, p. 99. Desde então, Lucas tem sido entendido como uma aretalogia bem como um Midrash e *Logoi Saphon*.

[95] BURRIDGE *apud* ADAMS, 2012, p. 99.

> Ele narrou toda essa campanha militar no seu famoso livro "A guerra judaica". Pois bem, nessa obra, Flávio Josefo narra a tomada da fortaleza de Massada, ao sul do Mar Morto. Lá estavam refugiados os saduceus. Resistiram por três anos. Tinham consigo algumas pessoas da realeza judaica e acalentavam o sonho de reconstituir o estado autônomo. Por fim, os romanos escalaram, com estremo sacrifício, um dos lados da fortaleza natural. Lá encontraram todos os resistentes mortos, degolados. Antes de morrer, o chefe fez um ardente discurso, dizendo, em resumo, que nós somos corpo e alma. Se morrermos, nossa alma vai para junto de Deus. Por isso, seria maior glória de Deus o suicídio coletivo, do que cair vergonhosamente na mão dos pagãos. Isso convenceu-os ao suicídio coletivo. Agora vem nossa pergunta: como Flávio Josefo sabe tudo isso? Ele diz no livro que uma mulher fugiu de lá e lhe narrou esses fatos. Não é muito confiável. Além do mais, o discurso de Eleazar é tipicamente helenístico, não tem muito a ver com a teologia judaica. De modo que é possível duvidar de que Flávio Josefo esteja realmente narrando os fatos brutos. Antes, é bem mais provável que, em sua narrativa, esteja sendo guiado por outros critérios.[96]

Esta ênfase, muitas vezes apoiados por uma discussão do prefácio (Lc 1,1-4; At 1,1) procura compreender o método e o propósito de Lucas em relação a escritores da história grega (nomeadamente, Tucídides, Heródoto, Políbio).

> Estes defensores argumentam que a apropriação da metodologia historiográfica (utilização e reconhecimento de fontes, criação de discursos, prefácio) de Lucas indica que o trabalho que ele estava tentando criar é, portanto, associada a esse gênero. Estas características, no entanto, não esta limitado

---

96 RABUSKE, 2012, p. 8.

> apenas à história antiga, mas também pode ser encontrado em várias biografias antigas.[97]

Essa discussão sobre o gênero de Lucas é necessariamente curta, pois quando se defende um gênero não biográfico para Lucas (Evangelho) faz se com base no gênero de Atos e da unidade genérica destas duas obras. O segundo volume da obra lucana ainda da muito trabalho aos exegetas. Muitas sugestões são propostas para identificar o gênero literário de Atos, mas a ausência de analogias satisfatórias na literatura antiga torna difícil a discussão.[98] Assim, agora voltamos nosso foco para a discussão de gênero de Atos.

Ao longo dos séculos XIX e XX, foram de profundos questionamentos com respeito a este assunto. Questões como a precisão histórica e a confiabilidade do texto de Atos dominou as pesquisas na segunda obra de Lucas. Os estudos de Atos foram claramente dividido em duas tradições: uma conservadora[99] (em grande parte Britânica) cuja tradição tem grande confiança na historicidade de Atos e uma (principalmente Alemã) de tradição menos conservadora[100] que tem pouca confiança na historicidade de Atos. Essa divisão continua no presente.[101]

---

[97] ADAMS, 2012, p. 99-100 (tradução nossa).

[98] MARGUERAT, 2003, p. 38.

[99] PHILLIPS, Thomas. *The Genre of Acts*: Moving Toward a Consensus? SAGE Publications: London, Thousand Oaks CA and New Delhi, v.4, n. 3, 2006, p. 365-366. Menciona aqueles autores que conservam o valor histórico de Atos. São eles (autor/data da pesquisa): Robertson 1920; Clarke 1922; Hunkin 1922; McGiffert 1922; Barrett, 1961; Guthrie, 1963; Rese, 1967; Blaiklock, 1970; Karris, 1979; Plümacher, 1984; Hahn, 1986; Powell, 1991; Tyson e Parsons, 1992; Grasser, 2001; Marshall, 2003). Na segunda metade do século XX, o melhor da tradição conservadora foi representado por eruditos como F.F. Bruce (1954; 1960; 1984; 1990), I.H. Marshall (1969; 1970; 1978; 1992; 2003) e C. Hemer (1977; 1989), que muitas vezes acompanhou o trabalho mais cedo do britânico W.M. Ramsay (1897; 1911) e do americano H.J. Cadbury (1927; 1955; 1958).

[100] PHILLIPS, 2006, p. 366. A outra tradição, que tinha menos confiança na historicidade de Atos, foi melhor representado por M. Dibelius (1956), H. Conzelmann (1960; 1966; 1987) e E. Haenchen (1966; 1971).

[101] PHILLIPS, 2006, p. 366. Destacam-se (autor/data da pesquisa): Haenchen, 1971; Scott, 1974; Hemer, 1977; 1989; Hengel, 1979; Roloff, 1981; Maddox, 1982; Krodel, 1986; Kurz, 1987; 1990; Jones, 1989; Lüdemann, 1989; Thornton, 1991; Verde e McKeever 1994; Pesch

Durante esses séculos de intensos debates entre as tradições apenas uma suposição foi compartilhada ali: Atos foi concebido para ser lido como história. Uma clara maioria dos estudiosos argumenta e assume o livro de Atos como pertencente ao gênero historiográfico. Para muitos estudiosos, a possibilidade de que Atos pertença a algo diferente de um gênero histórico é indeferida. Um grande número de pesquisadores estão satisfeitos em conceder Atos à designação, de historiografia antiga.[102]

Embora houvesse uma série de sugestões sobre o gênero de Atos antes do século XX, dentre os estudiosos que, sem dúvida, tiveram maior influência foi Henry J. Cadbury. Em sua obra fundamental, *The Making of Luke-Acts*, Cadbury propõe que Lucas e Atos não são duas obras separadas por um autor, mas sim duas partes de um trabalho unificado.[103] Com o entendimento de que a identificação do gênero de uma obra é o "princípio da sabedoria", Cadbury tenta colocar Lucas-Atos, na mesma situação das literaturas helenísticas, comparando as obras de Lucas com textos em prosa similar. À luz deste entendimento Cadbury até acredita na possibilidade de Atos seguir o mesmo gênero literário de Lucas (biografia), mas tem suas dúvidas. Infelizmente falta discussão suficiente sobre a sua decisão, pois apesar de admitir que Atos apresente focos biográficos sobre Pedro e Paulo, ele prefere manter-se firme de que Atos será melhor entendido sob a rubrica de história.[104]

Apesar da investigação de Cadbury se esforçar por definir claramente o gênero lucano como um trabalho histórico e não uma biografia, este apresenta algumas falhas metodológicas. Embora ele identifique corretamente que Atos tem um foco sobre os discípulos, seu uso

---

1995; Jervell, 1996; Dunn, 1996; Verde 1996; 2002; Kee, 1997; Alexander, 1998b; Gilbert, 1999; Verheyden, 1999; Wilson, 2001; Bovon, 2003; Culy e Parsons 2003.

[102] PHILLIPS, 2006, p. 374-375.

[103] ADAMS, 2012, p. 100.

[104] ADAMS, 2012, p. 100. Cadbury advertia que, embora Lucas seja o mais literário dos escritores do Evangelho, a obra dupla Lucas-Atos não é uma "história formal", mas tem semelhanças com a mais popular das "literaturas populares".

de estilo como um importante recurso para distinguir o gênero é problemática sem o apoio de outras características formais, como assunto, representação de caracteres. Além disso, a falta de comparações formais completas com outras biografias e histórias faz com que ele tome uma série de generalizações como, por exemplo: assunto, o uso da linguagem, a inclusão de discursos; que não se sustentam após a comparação crítica.[105]

Outro estudioso que influenciou significativamente a investigação do gênero de Atos é Martin Dibelius, que estava particularmente interessado em investigar paralelos entre Atos e as histórias greco-romanas. Levando em consideração grandes questões interpretativas, tais como fontes, discursos e a pessoa de Paulo, Dibelius definiu o tom das pesquisas por muitos anos, particularmente com a sua aplicação de forma crítica. À luz das suas comparações, Dibelius conclui que Atos, ao contrário do Evangelho, é história, embora haja ainda uma série de questões não respondidas que cercam sua veracidade histórica e a quantidade de liberdade que Lucas teve na criação desta peça de literatura.[106]

Seguindo Dibelius, a maioria dos estudiosos prontamente descartou a ideia de que Atos pertença a outro gênero literário que não seja história. Posteriormente a tendência acadêmica esforçou-se por definir as distinções entre diferentes tipos de história antiga, um número significativo de trabalhos acadêmicos tem procurado prover uma classificação mais precisa dentro do amplamente concebido gênero historiográfico. Para esses estudiosos, a questão não foi se Atos é ou não é história, mas sim a que subgênero específico a história de Atos pertence.[107] Em tempos mais recentes a perspectiva história se dividiu em subgêneros mais refinados e específicos. Tais subgêneros incluem historia geral; monografia histórica; história institucional; história de desculpas; história kerygmática; história

[105] CADBURY *apud* ADAMS, 2012, p. 101.
[106] DIBELIUS *apud* ADAMS, 2012, p. 101.
[107] PHILLIPS, 2006, p. 375.

deuteromística; testemunho apostólico na história oral; história política; história bíblica; história teológica; história tipológica; história retórica e hagiografia histórica.[108]

Essas abordagens, apesar de identificar características importantes de Atos, cada uma têm determinados problemas metodológicos na sua interação com os Atos como as características formais e a discussão que corresponde ao do propósito de Lucas na sua composição. Devido a limitação de espaço, veremos alguns subgêneros mais amplamente aceitas.

David Aune sugere Lucas-Atos como uma "história geral popular", escrita por um historiador helenístico amador com credenciais em retórica grega. Em seu exame das origens literárias do Novo Testamento, David Aune concordou com Talbert sobre a natureza biográfica dos evangelhos. Surpreendentemente, no entanto, Aune argumentou que o Evangelho de Lucas não poderia ser classificado como biografia antiga, porque ele era subordinada a uma estrutura literária maior (a obra dupla). Segundo ele Lucas não pertence a um tipo de biografia antiga, pois Atos não deve ser forçado em um molde biográfico.[109] Tanto Aune, como Talbert antes dele, procurarem uma designação de gênero que fosse apropriado para o trabalho de dois volumes de Lucas-Atos em sua totalidade.[110] Ele foca a sua pesquisa de gêneros da história de forma mais específica dentro do mundo literário greco-romana. Encontrando segundo ele, cinco[111] principais gêneros (subgêneros) históricos helenísticos: (1) a genealogia ou mitografia, (2) descrições de viagem (etnografia e geografia), (3) história local, (4) cronologia, e (5) história.[112]

---

108 Sobre a lista de autores e seus respectivos subgêneros ver em PHILLIPS, 2006, p. 375; ADAMS, 2012, p. 101-102.

109 AUNE *apud* PHILLIPS, 2006, p. 375-376.

110 Talbert defende que Lucas-Atos seja uma biografia, assim como Aune como história. PHILLIPS, 2006, p. 375.

111 ADAMS, 2012, p. 103.

112 Dentro da quinta categoria de "história", ele sugeriu três subgêneros adicionais que ele chamou: monografias históricas (que abordou um tema específico dentro do passado recente),

Alguns paralelos formais entre Lucas-Atos e as histórias gerais atribuem dependência de Lucas sobre as convenções da história geral tornando natural conceituar o cristianismo em analogia a um grupo étnico. [113] Ele apresenta o cristianismo como um movimento religioso independente no processo de emergir do judaísmo de que é o seu sucessor legítimo. Além disso, o distanciamento dos cristãos de outros grupos religiosos, políticos e partidários na narrativa Atos serve para identificar o conteúdo de Lucas-Atos como um assunto adequado para o tratamento histórico. Para Aune, Lucas autodesignou seu evangelho como uma "narrativa", em vez de um "evangelho" (como em Marcos), indicou a sua intenção para escrever a história. e o conteúdo de Lucas-Atos colocou o texto dentro do subgênero da história geral. Logo Lucas-Atos é uma história geral, pois foi projetado para definir a identidade da comunidade para seus adeptos e para legitimar sua identidade para os que não são aderentes.[114] Para Aune, portanto, o livro de Atos (mais com precisão Lucas-Atos) pertencia ao gênero de história geral, este gênero permitiu que Lucas estabelecesse a identidade e legitimidade da igreja emergente como um povo com uma herança cultural distinta dentro do Mundo greco-romano.[115]

Um dos desafios para a visão de Aune é a sua proliferação de gênero e subcategorias de gênero, já que é difícil ver como os antigos teriam atribuído a todas essas divisões de gênero. Além disso, os critérios para estabelecer paralelos entre Lucas-Atos e a história nem sempre são

---

história geral (que apresentou a história recente e a cultura de um povo em particular), e história antiquária (que apresentou a história antiga de um povo). Cf. PHILLIPS, 2006, p. 376.

[113] Aune define que a "história geral" no mundo antigo era centrada em pessoas específicas (normalmente os gregos ou os romanos), das origens míticas para um ponto no passado recente, incluindo contatos (geralmente em conflito) com outros grupos nacionais em vários teatros geográficos. Ou seja, a natureza de Lucas-Atos demostra como os principais representantes do movimento cristão teve contato com pessoas greco-romanas significativas em lugares importantes do todo o mundo mediterrâneo. Cf. ADAMS, 2012, p. 103.

[114] PHILLIPS, 2006, p. 376.

[115] PHILLIPS, 2006, p. 377.

bem definidos, e não têm em conta algumas características formais importantes. Adams objeta as intenções do autor mostrando a necessidade de comparar Lucas com outros historiadores e escritores de prosa para além dos autores dos Evangelhos. Alem de explicar clara ênfase em Atos dos discípulos. Aune não consegue interagir com a forma como os grupos religiosos / filosóficos foram tipicamente discutidos na literatura greco-romana.[116]

Quando tratamos o gênero de Atos como biografico somos conduzidos a pensar a obra de Lucas como o volume duplo. O primeiro a classificar Atos como uma história biografica foi Charles Talbert (1974).[117] Propôs que se considerasse a sequência Lucas-Atos como sendo a *Vida* de um filósofo seguida pela história de seus discípulos. Talbert tentou resolver este problema grave, comparando Lucas-Atos a obra do terceiro século de Diógenes Laércio *Vidas dos Filósofos*. A comparação de Talbert focou em três áreas: o conteúdo, a forma e a função. Tomando em conta o conteúdo, Talbert argumentara que os indivíduos na obra de Laércio, eram vistos como figuras divinas. O modelo adequado para compreender o papel de um fundador de uma escola filosófica na antiguidade é um religioso, não um acadêmico. [118] Talbert argumenta a partir de *Vidas* que Laercio não só discutiu as origens dos fundadores das várias escolas filosóficas, mas também incluiu narrativas sobre sucessores dos mestres e outros discípulos escolhidos quem na realidade formaram um tipo de comunidade religiosa criada e sustentada pela figura divina. [119] O componente final no conteúdo seria os resumos da doutrina das várias escolas.[120]

---

[116] AUNE *apud* ADAMS, 2012, p. 104.

[117] Em sua vasta e influente monografia, *Literary patterns. Theological themes, and the genre of Luke-Acts, 1974.* Talbert observou que na leitura de Lucas-Atos está enraizado pressupostos estéticos dos povos do Mediterrâneo. Talbert conclui que ao observar entre os dois volumes de Lucas-Atos e entre os personagens e ações dentro daqueles volumes foi a chave para entender o gênero de Lucas-Atos. PHILLIPS, 2006, p. 366-367.

[118] TALBERT *apud* PHILLIPS, 2006, p. 367.

[119] MARGUERAT, 2003, p. 38. Após a biografia do fundador do movimento religioso, seguiria a história de seus sucessores. A ideia de sucessão era cultivada pelas escolas filosóficas da

Em termos de forma, Lucas-Atos contém os dois elementos essenciais da forma Laércio: a vida do fundador (a) e a narrativa sobre os discípulos subseqüentes (b) mesmo embora o terceiro elemento menos importante, o resumo da doutrina (c), seja omitido; para Talbert, Lucas-Atos, portanto, funcionava conforme a obra de Laercio: para legitimar os interpretes adequados que transmitiriam os ensinamentos dos fundadores da escola.[121] Embora ciente de algumas das diferenças entre Lucas-Atos e Diógenes, como as diferenças estruturais, o número limitado do evangelho lucano e o desenvolvimento superior de Atos, Talbert sustenta que a semelhanças no conteúdo, forma e função são suficientes para comparação.[122] Como resultado, Talbert conclui que Lucas-Atos, em certa medida, devem ser considerados como pertencentes ao gênero da biografia greco-romana.[123]

De acordo com Talbert, a escolha do gênero por Lucas para transmitir sua mensagem à igreja esta enraizada na *Sitz im Leben* de Sua comunidade. A comunidade lucana foi incomodada por um confronto de pontos de vista sobre a compreensão legítima de Jesus e da verdadeira natureza da vida cristã. O evangelista necessitava ser confiável para dizer onde se encontrava a verdadeira tradição em seu tempo, ou seja, com os sucessores de Paulo e dos Doze e que o conteúdo dessa tradição era de

---

Antiguidade; todas queria ter consciência de suas origens, porém ninguém será capaz de voltar a Antiguidade em busca de um gênero chamado "vida dos sucessores" Talbert pode apenas alegar uma lista de sucessão do que uma história de origem.

120 A análise de Talbert do conteudo de *Vidas* portanto pode ser dito como (a) + (b) + (c), na qual: (a) A vida do fundador + (b) narrativa sobre os discípulos e sucessores + (c) Resumo da doutrina e da escola. Em Atos Talbert observa que esse terceiro elemento é omitido. Cf. PHILLIPS, 2006, p. 367.

121 PHILLIPS, 2006, p. 368.

122 Loveday Alexander em *Acts and Ancient Intellectual Biography, In: Acts in Its Ancient Literary Context: A Classicist Looks at the Acts of the Apostles.* LNTS 289. New York: T & T Clarck, 2005; avalia o trabalho de Talbert e a natureza da biografia intelectual no era helenística. Alexander investigou as semelhanças e diferenças entre Atos e Diógenes Laércio *Vidas*, concluindo que, embora haja algumas semelhanças, como o conceito de sucessão, em geral conclui que o trabalho de Diógenes é um "mau ajuste" para Atos, portanto, Alexander rejeita a posição de Talbert que Atos é baseado em um modelo da *Vidas* de Diógenes.Cf. TALBERT *apud* ADAMS, 2012, p. 117.

123 TALBERT *apud* ADAMS, 2012, p. 117.

acordo como os apóstolos viveram e que eles ensinaram, como visto enraizada na carreira de Jesus.[124]

Talbert continuou a defender este argumento tanto em relação ao gênero dos evangelhos como biografia e em relação a Lucas-Atos como biografia. Recentemente, Stanley Porter propôs uma etiqueta biográfica para Lucas-Atos. Porter começa por levantar algumas questões sobre interpretação por dar atenção a três focos de leitura: o autor, o leitor, e do próprio trabalho. Depois de avaliar as propostas de Atos como romance e história, e apontando fraquezas inerentes destes, Porter sugere que a biografia é o gênero ideal para Atos porque cria a maior compatibilidade genérica entre o Evangelho e Atos.[125] A fim de fundamentar esta alegação, Porter prossegue para discutir uma série de características formais dentro de Atos como por exemplo: os discursos, as genealogias, as fontes que, embora tenham sido utilizados para apoiar o rótulo de história, não estão excluídos das obras biográficas. Embora Porter fez alguns bons pontos dentro de seu artigo, no entanto a sua brevidade limitou o impacto de seu argumento.[126]

Apesar do fato das diversas tentativas para ver Atos à luz da antiga biografia, até o momento não houve nenhuma proposta acadêmica que defina a questão. No entanto, em uma tese de doutorado recente de Sean Adams, ele afirma que Atos é bem entendido como uma "Biografia modificada".[127] Fazendo uso da teoria de gênero antigos e modernos, Adams demonstra que os gêneros são flexíveis – sistemas dinâmicos cujas fronteiras internas estão em constante fluxo. Adams avalia ainda mais as características formais de Atos e como se relacionam com gêneros antigos, especialmente biografias. No geral, Adams determina que, apesar de Atos

124 TALBERT *apud* PHILLIPS, 2006, p. 368.
125 PORTER *apud* ADAMS, 2012, p. 118.
126 PORTER *apud* ADAMS, 2012, p.119.
127A tese de S.A. Adams, The Genre of Acts and Collected Biographies". Dissertação para o PhD pela Universidade de Edimburgo, 2011. ADAMS, 2012, p. 119.

ter algum parentesco com o gênero história, a categoria de melhor gênero para Atos é reconhecidamente biografia.

De fato, como historiador de respeitável habilidade literária, o autor produziu a partir de um material relativamente escasso de tradição e de acréscimos próprios uma apresentação histórica coerente, pertinente e consequente do caminho do Evangelho de Jerusalém até Roma. Mais ele não se inibe apenas a dar relatos históricos, mas tem sua finalidade missionária quando propaga a fé cristã por via literária utilizando-se de discursos missionários, que não tem modelo na literatura antiga, mas se origina da tradição da comunidade primitiva.[128]

[128] VIELHAUER, 2005, p. 427.

2 FASES DA INVESTIGAÇÃO HISTÓRICA DO JESUS CARISMÁTICO

A pergunta Quem foi Jesus? Tem sido muitas vezes feita em pesquisas modernas como uma questão de consciência messiânica de Jesus. Jesus se considerava um Messias, Filho do homem ou Filho de Deus? A pesquisa foi lentamente dissociando da questão da autocompreensão de Jesus. Mais o importante mesmo foi definir objetivamente a sua autoridade.

Para isso, o termo religioso-científico "carisma" foi oferecido, que é independente dos títulos cristológicos e que cuja aplicação a Jesus não pressupõe a fé cristã, mas pode ser aceito por ela. O "carisma", de fato, harmoniza-se com certas ideias bíblicas ao atribuir a Jesus uma "autoridade" (exousia) que é evidente em seu ensinamento e em seus milagres (Mc 1, 21ss), é creditado como realmente um "carisma".[129] Carisma é uma capacidade de irradiação para outras pessoas fora da esfera racional. Um carismático depende de expectativas, esperanças e adesões das pessoas ao seu redor. O carisma sempre ocorre nas interações. Assim, o carisma de Jesus se manifesta em sua relação com a família, com o mestre, com os discípulos e as discípulas, com as multidões e adversários. Elas são uma chave para compreender Jesus.[130]

Os termos "carisma" e "poder carismático" são introduzidos na sociologia por Max Weber, como uma categoria para análise. Para defini-lo, ele é parcialmente inspirado na história do cristianismo primitivo.[131] Neste aspecto, Max Weber desenvolve um estudo sociológico pioneiro na perspectiva do profeta-carismático. Não somente conceituou como também

---

[129] A palavra carisma aparece somente em Paulo e designa poderes sobrenaturais nas pessoas, em profecia, taumaturgia, ensino, etc. (Cf. Rm 12, 6; 1 Coríntios 12, 30). THIESSEN, Gerd; MERZ, Annete. *El Jesus histórico*: manual. Salamanca: Ediciones Sigueme, 1999, p. 216.
[130] THIESSEN; MERZ, 1999, p. 216.
[131] WEBER *apud* THIESSEN; MERZ, 1999, p. 216.

aplicou diretamente ao fenômeno religioso. O conceito carisma foi o primeiro conceito-chave da concepção weberiana, é o que transcende a rotina cotidiana da ordem estabelecida.

O carisma se define precisamente por aquilo que se ergue contra a maneira normal de viver. Weber define o profeta como o individuo carismático que se insurge contra a estrutura estabelecida, que provoca na sociedade a sua volta um sentimento de mudança[132].

> [...] carismáticos - e isto em grau crescente nos tempos mais remotos. Isto significa: os líderes "naturais", em situações de dificuldades psíquicas, físicas, econômicas, éticas, religiosas e políticas, não eram pessoas que ocupavam um cargo público, nem que exerciam determinada "profissão" especializada e remunerada, no sentido atual da palavra, mas portadores de dons físicos e espirituais específicos, considerados sobrenaturais (no sentido de não serem acessíveis a todo mundo).[133]

A seguinte definição de Weber esclarece alguns elementos à luz da história de Jesus e suas relações com os discípulos e seguidores nos Evangelhos. Ele entende o "carisma" como uma qualidade extraordinária de uma personalidade, a qual possui forças sobrenaturais ou sobrehumanas, extracotidianas, pois não estão disponíveis para qualquer outro. Carisma é um entusiasmo pessoal totalmente de entrega e cheio de fé decorrente da indigência e esperança. O vocacionado não é eleito por meios burocráticos, antes é eleito a sua vez por suas qualidades carismáticas: o profeta corresponde aos discípulos, "homens de confiança". Não existe uma "colocação" ou "destituição", mas apenas mandamento pelo Senhor

---

[132] BONNEAU, Guy. *Profetismo e instituição no cristianismo primitivo*. São Paulo: Paulinas, 2003, p. 9.

[133] WEBER, Marx. *Economia e Sociedade*: fundamentos da sociologia compreensiva. Vol. 2. Brasília-DF: Editora Universidade de Brasília: São Paulo: Imprensa Oficial do Estado de São Paulo, 1999, p. 323.

segundo sua própria inspiração fundada na qualificação carismática do vocacionado. Não há "salário", pois os discípulos ou seguidores vivem com o Senhor no comunismo do amor. Não existe um "poder judicial" firmemente estabelecida, mas apenas missionários comissionados carismaticamente.[134]

Movidos pelo Espírito, profetas e seus seguidores julgam que estão prestes a participarem de uma transformação divina de um mundo errado, para uma sociedade justa, desejada e governada por Deus[135].

> A profecia não se separa da pessoa do profeta, pois este profetiza com toda a sua vida. A profecia não é puro discurso, mas ação pública de grande visibilidade. A pessoa do profeta levanta-se no meio do seu povo. O profeta não fala somente com palavras, mas fala com toda a sua vida.[136]

O profeta é um "portador de carismas". Logo, sua missão está ligada estritamente à sua vocação, "o reconhecimento do carismaticamente qualificado é o dever daqueles aos quais se dirige sua missão".[137] À medida que obtém sucesso, em seus intentos, o profeta conquista adeptos, discípulos e auxiliares que se agrupam numa comunidade permanente[138].

> A estrutura carismática não conhece nenhuma forma e nenhum procedimento ordenado de nomeação ou demissão, nem de "carreira" ou "promoção"; não conhece nenhum "salário", nenhuma instrução especializada regulamentada do portador do carisma ou de seus ajudantes e nenhuma instância controladora ou à qual se possa apelar; não lhe estão atribuídos determinados distritos ou competências objetivas

[134] WEBER, M, 1999, p. 193-195.
[135] HORSLEY, Richard; HANSON, John. *Bandidos, profetas e messias*: movimentos populares no tempo de Jesus. São Paulo: Paulus, 1995, p. 144.
[136] COMBLIN, José. *A profecia na igreja*. São Paulo: Paulus, 2008, p. 12.
[137] WEBER,1999, p. 324.
[138] BONNEAU, 2003, p. 10.

> exclusivas e, por fim, não há nenhuma instituição permanente e independente das pessoas e da existência de seu carisma pessoal, à maneira das "autoridades" burocráticas.[139]

O carisma pode ser, e naturalmente é, em regra, qualitativamente singular, e por isso determina-se por fatores internos e não por ordens externas o limite qualitativo da missão e do poder de seu portador. Segundo seu sentido e conteúdo, a missão pode dirigir-se, e em regra o faz, a um grupo de pessoas determinado por fatores locais, étnicos, sociais, políticos, profissionais ou de outro tipo qualquer: neste caso, encontra seus limites no círculo destas pessoas[140].

> O profeta dirige-se ao povo. A sua ação e a sua palavra são atos públicos. O profeta dirige-se ao mesmo tempo aos chefes do povo, àqueles que detêm o poder, justa ou injustamente, e também ao povo em geral. Ele se sente como a encarnação da mensagem de Deus à totalidade do seu povo. Pois Deus quer lembrar em primeiro lugar que esse povo é o seu povo e que os chefes, em lugar de desviar o povo da sua missão, têm o dever de promovê-la.[141]

O carisma num olhar weberiano está centrado na figura do portador do carisma que indica a forma de comportamento ao coletivo com vista a modificar ou transformar de modo mais ou menos radical a ordem social existente, com base em sua ideologia e com o emprego de certa organização. O poder do carismático-profético fundamenta-se na fé em revelações e heróis, na convicção emocional da importância e do valor de uma manifestação de natureza religiosa, ética, artística, científica, política ou de outra qualquer, no heroísmo da ascese, do dom mágico ou de outro tipo. Esta fé provoca uma revolução nos homens de dentro para fora e

---

139 WEBER,1999, p. 324.
140 WEBER, 1999, p. 324.
141 COMBLIM, 2008, p. 12.

procura transformar as coisas e as ordens segundo seu querer revolucionário[142].

2.1 A descrição fenomenológica de Jesus

No início do século XX, a pesquisa fenomenológica tomou Jesus como um carismático e isso ganhou grande apreço na academia. Rudolf Otto procurou um novo acesso ao mistério de sua pessoa, enquadrando a imagem de Jesus em um "tipo" religioso bastante comum. Em seu livro *Lo santo: lo racional y lo irracional em la idea de Dios*, publicado em 1917, define Jesus como "o sagrado manifesto". Rudolf Otto compreende ser muito valioso o valor que a comunidade cristã com razão atribuiu a Jesus. Ele, Cristo, é 'o sagrado manifesto', ou seja, aquele em que o ser, a vida e a vitalidade; intuímos espontaneamente e sentimos a ação de sua divindade revelando-se, manifestando-se.[143] Jesus é para Otto, o "carismático originário".[144]

2.2 A busca teológica pelo Jesus Histórico

A questão se o Jesus histórico e sua mensagem têm ou não relevância para a fé cristã, soa como um problema absurdo para quem não conhece a discussão. Nem na igreja antiga, ao da época da Reforma e nos séculos seguintes preocupou-se em estabelecer tal problema.

A pesquisa que tem como finalidade a de determinar a figura histórica de Jesus nasce significativamente no século XVIII: época do

---

[142] WEBER, 1999, p. 324.
[143] OTTO, Rudolf. *Lo santo*: lo racional y lo irracional em la idea de Dios. El libro de bolsillo Religión y mitologia. Madrid: Alianza Editorial, 2005, p. 195-196.
[144] THIESSEN; MERZ, 1999, p. 219.

Iluminismo.[145] O *aude sapere* iluminista, na famosa expressão kantiana, *ousou* tanto que chegou até a indagar a figura de Jesus.

Hermann S. Reimarus é considerado o iniciador desta busca do Jesus histórico[146]. Orientalista, em seus ensaios tentou demonstrar a descontinuidade que existiria entre o *Cristo da fé* e o *Jesus da História.*[147] O Jesus histórico não seria um *messias* religioso, mas segundo a esperança judaica do tempo, um libertador político na linha messiânica davídica. Jesus era um messias judeu do tipo político, que tinha desejado instaurar um reino mundano e libertar os judeus do domínio estrangeiro, porém a exclamação na cruz demostrou que não havia alcançado seus objetivos. Os discípulos diante do aniquilamento o que iriam fazer? Organizaram se e roubaram o corpo de Jesus e criaram a doutrina da ressurreição de Jesus e da sua Segunda Vinda. Logo, os discípulos são os inventores da imagem de Jesus.[148] Esta distinção proposta por Reimarus foi levada muito a sério, primeiro pelo protestantismo liberal e depois por estudiosos seja protestantes como católicos.

A busca do Jesus histórico foi compreendia como o maior desafio da teologia alemã, e um dos eventos mais significativos em toda a vida intelectual e espiritual da humanidade para Albert Schweitzer.[149]

---

[145]JEREMIAS, Joachim. *Estudos no novo testamento.* São Paulo: Academia Cristã, 2006, p. 20-21. Podemos assinalar com precisão a data de seu nascimento: o ano de 1778. O problema do Jesus histórico é filho da época do Iluminismo. As épocas anteriores tinham crido convictamente que os evangelhos eram documentos sobre Jesus, absolutamente merecedores de crédito. A este ponto não havia surgido nenhum problema. A investigação neotestamentária sobre os evangelhos antes do Iluminismo tinha se limitado essencialmente a parafrasear e harmonizar os quatro evangelhos. Praticamente a exegese neotestamentária tinha sido uma disciplina auxiliar da teologia dogmática.

[146] Hermann S. Reimarus faleceu em 1768. Seus ensaios sobre a busca do Jesus histórico foram publicados póstumos pelo filósofo Gotthold Lessing, entre 1774 e 1778. Cf. JEREMIAS, 2006, p. 21.

[147] O Jesus histórico e o Cristo proclamado pela igreja nos evangelhos não são o mesmo. Cf. JEREMIAS, 2006, p. 21.

[148] JEREMIAS, 2006, p. 21,22.

[149] SCHWEITZER *apud* CORNELLI, Gabriele. Metodologia e resultados atuais da busca pelo Jesus Histórico. In: CHEVITARESE, André Leonardo et al. *Jesus de Nazaré*: uma outra história. São Paulo: Annablume/Fapesp, 2006, p. 18.

Multiplicaram-se as *Vidas de Jesus*[150], nas quais Jesus aparecia como um sábio, um mestre de virtudes racionais, modelo de uma autêntica humanidade, segundo a maneira como o século XIX a concebia. Mas a reação não se fez esperar: a legitimidade teológica da busca foi colocada em discussão. Figura de ponta desta crítica, Albert Schweitzer afirmava que o Jesus de Nazaré da teologia liberal nunca existiu. Ele era uma figura concebida pelo racionalismo, dada à luz pelo liberalismo, vestida pela moderna teologia de uma aparência histórica.[151]

O título original de sua obra *The Quest of the Historical Jesus* era *Von Reimarus zum Wrede* [de Reimarus a Wrede]. Wrede em 1901, no seu *The Messianic Secret*, teria afirmado algo tão definitivo a ponto de impossibilitar qualquer futura pesquisa na linha da busca do Jesus histórico: também o Evangelho de Marcos, normalmente considerado como "a" fonte histórica, era um trabalho teológico, e não um relato direto da atividade de Jesus. Isso - segundo Schweitzer - devia pôr um fim à busca. Foi o que aconteceu nos cinquenta anos sucessivos, nos quais sua crítica e seu paradigma escatológico em relação a Jesus dominaram a pesquisa. [152]

A influência decisiva de Rudolf Bultmann gerou nestes últimos decênios um acontecimento impressionante. Rudolf Bultmann colocava-se em continuidade com o ceticismo de Schweitzer com sua demitoligização. Bultmann deixa de lado, em um primeiro momento a pergunta de Rudolf Otto pela "autoridade" do Jesus histórico e compreende que a relevância de Jesus para a fé cristã (primitiva) residia sobre, o que Deus havia feito nele, não no que ele poderia ter dito ou feito.[153] As fontes cristãs não estariam

---

[150] Muitas imagens de Jesus já surgiram das formas mais distintas. Os racionalistas descrevem Jesus como um pregador moral; os idealistas como a quintessência do humanismo; os estetas o apontam como o amigo dos pobres e o reformador social e os demais pseudocientíficos fazem dele uma figura de ficção. O erro evidentemente esta no desejo dos estudiosos de livrar-se do dogma pela psicologização e a fantasia. Cf. JEREMIAS, 2006, p. 23.

[151] CORNELLI, 2006, p. 18.

[152] SCHWEITZER *apud* CORNELLI, 2006, p. 18.

[153] THIESSEN; MERZ, 1999, p. 219.

interessadas em lembrar-se de Jesus como de uma figura do passado, mas enquanto o Cristo presente e ressuscitado. Bultmann pensava que não se poderia chegar, a saber, quase nada a respeito da vida e da pessoa de Jesus, dado que as primeiras fontes cristãs não demonstram nenhum interesse nelas, sendo além de tudo muito fragmentárias e legendárias; e não se tem outras fontes sobre Jesus.[154] A crítica à própria possibilidade de uma busca do Jesus histórico chega aqui ao seu ponto mais alto. Bultmann se retira ao inexpugnável castelo do "kerygma", da pregação (ou proclamação) acerca de Cristo como a única possibilidade da busca do Jesus histórico.[155]

Curiosamente é um jovem discípulo de Bultmann, Ernst Käsemann que, num famoso *paper* apresentado em 1953 à reunião anual dos discípulos do mestre, "Os velhos Marburguenses", inverte o curso. Käsemann propõe retomar a busca, pois o Cristo da Igreja não pode ser abordado simplesmente como um ser mitológico, mas deve ter alguma ligação, alguma continuidade com sua existência histórica. Se assim não fosse a mesma fé cristã não poderia se sustentar, seria colocada em xeque-mate.[156]

Com a proposta de Käsemann começa a chamada *New Quest*, a nova busca do Jesus histórico. A característica central desta é a tentativa de trabalhar ao mesmo tempo com as duas realidades: o Jesus histórico e o Cristo da fé, pressupondo uma certa continuidade entre os dois.

A primeira preocupação da Nova Busca é aquela de isolar o material realmente útil sobre o Jesus histórico. Os critérios para isso são conhecidos: desde a *dessemelhança* das fontes judias e cristãs primitivas, à analise do *idioma particular de Jesus*, até o critério da *múltipla atestação*.

---

[154] BULTMANN *apud* CORNELLI, 2006, p. 19.
[155] BULTMANN *apud* JEREMIAS, 2006, p. 25.
[156] Apenas os discípulos de Bultmann é que voltaram a levantar a questão de uma interpretação pré-dogmática da autoridade de Jesus na busca de uma "cristologia implícita". Cf. KASEMANN *apud* THIESSEN; MERZ, 1999, p. 219.

A introdução de critérios quais as provas dos tipos linguísticos e culturais (por exemplo, a comparação de Jesus com magos e pregadores itinerantes do tempo, ou a análise de suas controvérsias etc.), seguindo portanto uma linha mais antropológica, indicaria segundo alguns autores o começo de uma *Third Quest*.

A Terceira Busca na verdade é uma simples continuação da Nova Busca. O que diferencia talvez de maneira substancial os mais novos trabalhos da Nova Busca em relação aos primeiros é a recusa de qualquer interesse teológico envolvido na pesquisa.

Destaca-se nessa perspectiva John Dominic Crossan, segundo Cornelli

> O autor trabalha com um método pelo qual o dado histórico-arqueológico (e nesse dado podemos incluir também a "arqueologia dos textos", que são os nossos achados) faz sentido, fala, quando interpretado através de categorias hermenêuticas da antropologia e da sociologia. O simples "achado", por assim dizer, ainda é mudo. Uma metodologia, portanto, que combina história, arqueologia e crítica literária com antropologia e sociologia comparada.[157]

A metodologia do Jesus Seminar traz luz a uma série de questões importantes para a busca deste passado, "essa combinação dos dados da crítica literária com dados que vêm dos estudos de antropologia e sociologia comparadas da religião uma das grandes vantagens metodológicas da *terceira busca*"[158] isso favorece uma maior interlocução entre as ciências a disposição na academia com o problema de nossa pesquisa.

---

[157] CORNELLI, 2006, p. 20.
[158] CORNELLI, 2006, p. 20.

Recentes pesquisadores como Gerd Thiessen, John P. Meier e o próprio John D. Crossan e muitos outros, colocaram a busca do Jesus histórico em uma das pesquisas mais prolíficas no cenário acadêmico internacional da atualidade.

Mesmo com todos os esforços chegamos ao ponto inicial, pois será possível ao discurso científico chegar ao entendimento concreto do Jesus histórico sem antes não cair na mesma questão na qual faz crítica? A saber, mais um novo construto do Jesus de Nazaré, ou Galileu?

Meier formulou uma frase paradoxal: "O Jesus histórico não é o real. O Jesus verdadeiro não é o Jesus histórico"[159] Para Meier o Jesus da história nada mais é que uma "moderna abstração e um constructo"[160]. A pesquisa de Jesus pode ser reduzida novamente ao que podemos reconstruir e avaliar, utilizando-se dos instrumentos científicos da pesquisa histórica moderna.

Para Stegemann, Meier só acentua que "a pesquisa histórica só consegue chegar a conhecimentos fragmentários sobre o Jesus histórico, principalmente por conta da insuficiência das fontes"[161].

> O Jesus histórico não é o Jesus "real" de Nazaré, mas só aquela "parcela" dele que de algum modo ainda podemos "reconstruir" (*recover*). E mesmo se trata só de uma silhueta pouco reconhecível de um afresco que desbota suscetível a várias interpretações.[162]

Outro aspecto a ser destacado é o que Crossan problematiza, a saber, a subjetividade das diversas reconstituições de Jesus, conforme ele mesmo fala.

---

159 STEGEMANN, Wolfgang. *Jesus e seu tempo*. São Leopoldo-RS: Sinodal; EST, 2012, p. 127.
160 MEIER, John Paul. *Um judeu marginal*: repensando o Jesus histórico. v.1. Rio de Janeiro: Imago, 1993, p. 25.
161 STEGEMANN, 2012, p. 128.
162 STEGEMANN, 2012, p. 128.

> Preciso ainda dizer, particularmente, que as concepções do século XIX sobre uma política histórica apartidária, isenta, objetiva na verdade só encobriram metodologicamente diferentes formas de poder social e controle imperialista? Parto do princípio de que o Jesus histórico não pode ser constatado de uma vez por todas, de que sempre haverá diferentes concepções de um Jesus histórico.[163]

Enquanto Meier compreende o grau das relativizações do estudo, Crossan atesta a subjetividade da pesquisa, logo não se tem definido nada a respeito do discurso científico a respeito do Jesus histórico.[164] O que podemos dizer em síntese disso é que todos esses estudiosos entendem o Jesus histórico como um ser objetivo que pela modesta pesquisa cientifica poderá ser "re-constituido" e representado. A pesquisa histórica toma contornos de razão histórica e ciência como instancia última, apartidária e universal. Podemos dizer que ela é útil, mas nunca o fim em si.

> Todo discurso do Jesus histórico que reivindica oferecer não só uma construção científica, mas a *representação* de uma pessoa histórica, a ilustração de uma personalidade não existe, faz de si *instância última,* que funciona como garantia real. A narração que fala em nome do real é uma diretriz. Ela proclama assim como se dá uma ordem [...] Mais ainda, essa narração é eficaz. À medida que simula narrar algo de real, ela o fabrica. Ela é performativa. Ela torna crível aquilo que proclama e fomenta para o agir. Não se trata, portanto, unicamente da presunção de sujeitos individuais de apresentar suas imagens de Jesus como resultados de pesquisa objetiva e representações de uma figura histórica. Trata-se da reivindicação de uma *disciplina do saber* que confunde seu discurso com um

---

[163] STEGEMANN, 2012, p. 128.
[164] CROSSAN *apud* STEGEMANN, 2012, p. 130.

conhecimento absoluto, que acredita que suas palavras representam as próprias coisas.[165]

2.3 A busca hermenêutica do Jesus carismático

Com o declínio da teologia kerygmática no final dos anos 60, a investigação sobre Jesus recuperou a categoria hermenêutica de "carisma", enriquecido às vezes com a ideia (típica de sociologia compreensiva) que o poder carismático é uma forma especial junto ao poder tradicionalista e o poder burocrático.[166] Esta forma especial é alimentada pela presença de uma qualidade extracotidiana na pessoa e na presença carismática evidenciando milagres e revelações, entre outras coisas.[167] Três traços carismáticos têm especial relevância na nova pesquisa de Jesus: sua autoridade, seus milagres e sua aceitação do conflito.

A relação entre Jesus e os discípulos foi estudado pela primeira vez como uma forma de autoridade carismática por Martin Hengel em *Seguimento e Carisma, 1968* que a autoridade de Jesus, apesar de suas semelhanças com taumaturgos e profetas viola as regras básicas, como a devoção ao falecido pai (cf. Mt 8, 21).[168] G. Theissen em, *Radicalismo Itinerante*, de 1973 e *Sociologia do movimento de Jesus*, 1977 emoldura Jesus em um círculo de "carismáticos itinerantes" que praticava um estilo de vida dissidente, mas influenciaram precisamente com esse estilo de vida radical que faziam parte de um movimento intrajudaico de renovação; seu surgimento foi condicionado por uma crise da sociedade judaico-palestina; sua resposta a essa crise era uma visão de amor e reconciliação. Os carismáticos itinerantes eram considerados a medula do movimento de

---

[165] STEGEMANN, 2012, p. 130.
[166] WEBER, 1999, p. 192-204.
[167] THIESSEN; MERZ, 1999, p. 220.
[168] THIESSEN; MERZ, 1999, p. 220.

Jesus, desencadeado por Jesus no âmbito sírio-palestino, que floresceu entre 30 e 70 d.C.[169]

Posteriormente, o historiador judeu Geza Vermes considera Jesus como um taumaturgo e terapeuta carismático em *A religião de Jesus, um Judeu, 1973*. Onde se inseriu em um ambiente carismático dentro do judaísmo da época, um judaísmo que ele vê representada por Honi do século I a. C. e, o galileu Hanina ben Dosa no século I d. C. Recentemente na obra intitulada *As várias faces de Jesus de 2006* analisa a partir dos sinóticos o Jesus das histórias sinóticas e o classifica como curandeiro e exorcista.[170]

O conflito de Jesus com o seu meio tem recebido atenção especial. Em *Conflito, Santidade e Política no Ensino de Jesus*, 1984, M. J. Borg fala de Jesus como "homem santo". Jesus apostou sua santidade em substituir o paradigma judaico de santidade (exclusiva) orientada na Torá e o Templo pelo paradigma da misericórdia (inclusiva) que acolhe os pecadores.[171] M.N. Ebertz deu um passo adiante no livro *Das Carisma des Gekreuzigten* "O carisma do Crucificado", publicado em 1987: o carisma não só leva a conflitos, mas nasce do pressuposto voluntário deles. Apenas esta auto-estigmatização, ou seja, essa suposição inequívoca marginal, social e moralmente desaprovada, impõe a sociedade novos valores e orientações de vida. Jesus apresentado por Ebertz esta em nítido contraste com o seu ambiente.[172] Esta visão foi retocada Helmut Modritzer sua pesquisa *Stigma und Charisma im Neuen Testament und seiner Umwelt* "Estigma e carisma no Novo Testamento e seus arredores", mostrando o

---

[169] THIESSEN; MERZ, 1999, p. 220-221.
[170] VERMES, Geza. *As várias faces de Jesus*. Rio de Janeiro: Record, 2006, p. 190-196.
[171] THIESSEN; MERZ, 1999, p. 221.
[172] THIESSEN; MERZ, 1999, p. 221.

fenômeno da auto-estigmatização não só em Jesus, mas também nos discípulos.[173]

2.4 O impacto da memória no Jesus relembrado

Recentemente um novo conceito surgiu vinculado ao nome do pesquisador neotestamentário inglês James D. G. Dunn – Jesus Lembrado (*Jesus Remembered*). Esse novo conceito reconsidera um novo paradigma para a pesquisa sobre Jesus, onde deu a seu extenso e estimulante livro com o mesmo nome *Jesus Remembered.*

> A pesquisa histórica sobre Jesus até o presente carece de uma correção fundamental, especialmente em relação ao objeto de pesquisa, mas também em relação ao – de acordo com ele – direcionamento errôneo dessa pesquisa segundo os modos de pensar de uma cultura literária, e não oral, típica nas sociedades ao tempo de Jesus.[174]

De acordo com Dunn deve se a uma falácia que foi o cerne de toda a busca, a pressuposição foi de que para ter ciência real do Jesus histórico este deveria ser diferente do Jesus da fé. Só que esse paradigma fez com que a busca do Jesus histórico fosse diferente tanto do Cristo da fé, como do Cristo dos evangelhos. A grande motivação que provocou a busca é valida e necessária, mas ai é que está o erro dos métodos.

> O ponto é que a fé matizou todas as tradições que possuímos sobre Jesus – e isso desde o início. Não a fé pascal [...], mas, nem por isso, menos fé. Pela maneira e forma de expressar, a tradição mais antiga dá testemunho do impacto (*impact*) legado por Jesus. A

---

173 THIESSEN; MERZ, 1999, p. 221.
174 STEGEMANN, 2012, p. 131.

> própria formulação dessa tradição era a expressão da reação cheia de confiança evocada por Jesus em seus discípulos [...] O que comoveu e cunhou sua vida é o que eles verteram em forma verbal naquilo que agora denominamos de tradição de Jesus [...] Para citar mais uma vez Keck: 'a percepção (*perception)* deflagrada (*calalyzed*) por Jesus é parte daquilo que ele foi.[175]

Uma falha que observamos nos métodos é que estes não percebem que a vida de Jesus gerou um impacto que catalisou a manutenção e continuidade das comunidades cristãs. Fica claro que "já na tradição, ou seja, na memória sobre Jesus entrou a impressão (*impact*) deixada pelo próprio Jesus terreno – ainda antes da crucificação e ressurreição – em seus adeptos e adeptas"[176] Dunn afirma categoricamente que essa impressão, a fé, já causa impacto antes mesmo da páscoa, como é plenamente convincente em todos os evangelhos, pois como muito bem argumenta Stegemann "no fundo é indiferente se a fé em Jesus, que entrou na tradição sobre ele, se alimenta de fontes posteriores ou anteriores à pascoa"[177] Seria no mínimo incoerente querer saber do Jesus histórico sem levar em consideração a fé que ele despertou na vida das pessoas enquanto esteve entre eles.

O Jesus lembrado pretende evitar o engano fundamental que reina por mais de dois séculos. Estamos dependentes das narrações sobre Jesus e suas lembranças[178] O conceito de lembrança de Jesus implica que nos evangelhos essas lembranças (relevantes por sinal) procedem de pessoas impressionadas e impactadas por Jesus.

Esse novo paradigma só nos atesta que na melhor das hipóteses que nós não podemos nos aproximar daquele construto histórico ou Jesus da

[175] DUNN *apud* STEGEMANN, 2012, p. 132.
[176] STEGEMANN, 2012, p. 133.
[177] STEGEMANN, 2012, p. 133.
[178] A história sobre Jesus consegue chegar, no melhor dos casos, só até as mais antigas lembranças de Jesus de Nazaré, como assim já havia formulado Rudolf Bultmann, que nesse contexto já falava da "mais antiga" tradição sobre Jesus de Nazaré.

História, ou o "assim denominado Jesus histórico do que até o impacto (*impact*) que ele deixou em seus adeptos". Poderíamos dizer que essas lembranças serão sempre tendenciosas, pois não temos instrumentos de análise que poderiam subtrair o que de fato é "real", "histórico", ou "lembranças verídicas".[179]

Seria pedir demais que um novo paradigma de busca do Jesus histórico fosse um fim em si. A confiabilidade das memórias já fora posta a prova por Crossan[180]. No entanto, querer fazer a refutação de um paradigma através de outro não se chega a um denominador comum. As memorizações são dependentes das condições histórico-culturais e individuais vigentes, elas são fundamentais para "a pesquisa da memória e da capacidade da lembrança é essencialmente importante para a história"[181]

---

[179] STEGEMANN, 2012, p. 134.

[180] Crossan questionou, sob o título *Does Memory Remember?* [Memória lembra?], a confiabilidade de memórias à luz dos estudos psicológicos, alegando que as memórias podem ser esquecidas, tabuizadas, suprimidas e deformadas de várias maneiras. CROSSAN *apud* STEGEMANN, 2012, p. 135.

[181] STEGEMANN, 2012, p. 135-136.

3 O CARISMATISMO NAS OBRAS LUCANAS

Distinguem-se três fases no seguimento de Jesus[182] no período neotestamentário segundo a análise sociológica, a saber: O movimento de Jesus propriamente dito, que seria o grupo ligado a Jesus em seu tempo de vida, para cujos membros geralmente se empregam, nos evangelhos, o conceito "discípulos" (*mathetés*); a protocomunidade de Jerusalém surgida após a morte de Jesus ou as "comunidades de Deus na Judéia" – como Paulo as designa (Gl 1:22; 1 Ts 2:14), distinguindo das "comunidades dos povos"; As comunidades messiânicas, no período após o ano 70.

No entanto o que nos importa aqui nesta análise é a compreensão das mudanças decorrentes do movimento original para as protocomunidades da Jerusalém. Simultaneamente ao surgimento das comunidades residentes da Judeia, continuou a existir, após a morte de Jesus, também um seguimento de Jesus com existência itinerante.[183]

O movimento de Jesus "originário" designa o grupo de adeptos e adeptas ligados a Jesus durante seu tempo de vida[184].

> Esse conceito, entretanto, implica, em termos da sociologia da religião, um certo pré-julgamento, pois ele já designa o momento carismático do fenômeno, ou seja, o termo 'movimento' marca a contraposição à 'instituição' e assim transcende igualmente a costumeira 'dicotomia igreja-seita'. Não obstante, ele permanece sociologicamente um tanto indefinido. Ele acarreta um problema especial na medida em que a palavra 'movimento', pelo fato de ser reclamada por sistemas políticos totalitários e suas ideologias, também contém conotações negativas.[185]

---

[182] STEGEMANN, Ekkehard Wilhelm; STEGEMANN, Wolfgang. *História social do protocristianismo*: os primórdios no judaísmo e as comunidades de Cristo no mundo mediterrâneo. São Leopoldo, RS: Sinodal; São Paulo: Paulus, 2004, p. 217.

[183] STEGEMANN; STEGEMANN, 2004, p. 217.

[184] De acordo com ROLOFF, Jurgen. *A Igreja no Novo Testamento.* São Leopoldo: Sinodal, 2005. A comunidade pré-pascoal.

[185] STEGEMANN; STEGEMANN, 2004, p. 218.

Em termos da história religiosa e social, o seguimento de Jesus deve ser compreendido no contexto do pluralismo religioso e do antagonismo econômico e social do povo judaico da terra. Vale salientar que neste diferentes períodos são marcados por diferentes reorganizações do judaísmo, principalmente quando se trata das comunidades messiânicas após o ano 70. As comunidades da Judeia devem ser diferenciadas do movimento de Jesus original. Isso se deve a mudança da pragmática da comunidade.[186]

A Igreja primitiva logo se tornou o modelo de norma e fundamento para as demais Igrejas cristãs subsequentes. O período apostólico, entre o ano 30-65 d.C., evidenciou como era a vida em comunidade dos primeiros cristãos. Apesar de Jesus não parecer explicitar um interesse de criar uma sociedade distinta, implicitamente, existia na sua pregação uma forte tendência à eclesiologia.[187] Por conseguinte, logo os cristãos se organizaram em comunidades simples e responsáveis. Para fazer parte do meio o batismo passou a ser o meio pelo qual os seguidores de Jesus eram inseridos nessa comunidade, como também, os diferenciava dos não-cristãos. A comunhão dos bens, a oração, o partir do pão e o ensinamento dos apóstolos caracterizavam a vida da comunidade cristã primitiva (Cf. At 2,42-47; 4,32-37).[188]

As comunidades da Judéia são marcadas, após a morte de Jesus e com base em algumas experiências extáticas e visionárias, por mudanças na estrutura da convivência e na liderança do grupo de discípulos e adeptos. Assim pessoas, individualmente, como Pedro e Tiago, irmão do Senhor; colégios, como o "círculo dos doze"; o grupo dos "três" colunas (Tiago, o irmão do Senhor, Pedro e João, o Zebedeu), assim como o "círculo dos

186 STEGEMANN; STEGEMANN, 2004, p. 218.
187 STEGEMANN; STEGEMANN, 2004, p. 218.
188 STEGEMANN; STEGEMANN, 2004, p. 218.

sete", assumiram determinadas funções de liderança e continuidade[189]. Vemos a continuidade como decisiva e fator preponderante para o inicio da transformação do carismatismo nas experiências visionárias e extáticas ocorridas logo após a morte de Jesus no seguimento de Jesus, especialmente no círculo mais estreito dos discípulos e discípulas.[190]

Segundo a tradição paulina o ressuscitado apareceu a Simão Pedro (Cefas) e ao círculo dos doze com um todo, em seguida, a um círculo mais amplo de mais de quinhentos adeptos, como a Tiago, o irmão de Jesus, e a todos os apóstolos (1 Co 15,5-7). Já nos evangelhos as mulheres são as primeiras testemunhas da ressurreição. Lucas compartilha da tradição paulina a ideia da aparição de Jesus a Pedro (Lc 24,34). Nos evangelhos a aparição ao círculo dos doze. (Mt 28,16-20; Lc 24,36-49; Jo 20,19-23). Essas aparições representavam para a protocomunidade a elevação de uma posição celeste de domínio como "Filho de Deus" e "Senhor" (cf. Rm 1,3ss) ou conforme Dn 7,13, como "Filho do Homem" à direita de Deus.[191]

> De acordo com a fé de seus adeptos, como ressuscitado e elevado a Deus, ele está preparado para estabelecer em seguida o seu domínio sobre Israel. Em vista disso, nada se alterou no que tange à expectativa iminente; ela talvez tenha se tornado até premente. Ao mesmo tempo, o exaltado já está transmitindo ao seu séquito o espírito escatológico a partir do céu.[192]

Os evangelhos vinculam as aparições de Jesus ao círculo dos doze com um mandato e uma missão renovados e com a concessão do Espírito. A narrativa de At 2, trata do derramamento do Espírito no dia de Pentecostes, em Jerusalém, é retomada a tradição profética (Joel 3,1-5; cf. Is 59,21; Ez 39,29). Os apóstolos entram de maneira bem nova no

---

[189] STEGEMANN; STEGEMANN, 2004, p. 218.
[190] STEGEMANN; STEGEMANN, 2004, p. 245.
[191] STEGEMANN; STEGEMANN, 2004, p. 246.
[192] STEGEMANN; STEGEMANN, 2004, p. 246.

seguimento de Jesus, na medida em que se relata a seu respeito atos carismáticos milagrosos similares (cf. At 2,43; 3,1-10; 4,30; 5,12-16; 9,32-43). Paulo atribui esses feitos carismáticos como sinais de seu apostolado (cf. Rm 15,18s; 2 Co 12,12; 1 Co 2,4; 1 Ts 1,5). Da mesma forma, alguns compartilham o mesmo destino de Jesus, no que diz respeito ao martírio – como os filhos de Zebedeu (Mc 10,35-45; At 12,1s) e mais tarde Pedro e por fim Tiago, irmão do Senhor. Lucas ainda estabelece uma relação clara entre à paixão de Jesus e o martírio de Estêvão.[193]

Torna-se bem mais insistente a pergunta: como a igreja deve comportar-se no mundo? Tudo isto se percebe nitidamente na obra de Lucas, tendo-lhe imprimido profundas marcas. Ainda assim, algumas coisas se cristalizam com suficiente clareza. O interesse histórico de Lucas em documentar e seu interesse em protagonizar a "testemunha ocular" (Lc 1,2; At 1,21ss), respectivamente do "apóstolo" (Lc 6,13; 9,10; 17,5, etc.). É deixar bem claro que a fé cristã se fundamenta no testemunho apostólico (cf. Ef 2.20; Ap 21,14)[194] No entanto, a partir do ano 66 d.C. até o fim do I século, houve uma grande transição. Boa parte dos apóstolos mais conhecidos: Tiago, Pedro e Paulo, já haviam sido martirizados. Os demais seguidores de Jesus, haviam se escondido sob o manto dos apóstolos desaparecidos. Desse modo, a preocupação deixou de ser mais missionária e se voltou mais para a pastoral a fim de consolidar as Igrejas estabelecidas. Ademais, com o aumento progressivo de gentios e a revolta judaica em Jerusalém (66-70 d.C.), o cristianismo foi se instituindo como uma nova

---

[193] STEGEMANN; STEGEMANN, 2004, p. 246.

[194] BRAKEMEIER, Gottfried. Observação introdutória ao Evangelho de Lucas. In: *Proclamar Libertação*. vol. X. São Leopoldo-RS: Editora Sinodal / Escola Superior de Teologia, 1984. Disponível em: <http://www.luteranos.com.br/articles/17031/1/-Observ-introdut-ao-Evangelho-de-Lucas/1>. Acesso em: 27 fev. 2013.

religião, separada do judaísmo. Esse período ficaria conhecido como sub-apostólico.[195]

Os números de conflitos crescem conforme a descrição lucana entre os missionários de Cristo e as autoridades judaicas.[196] Muito antes de 70 d.C Paulo já apontava que o seguimento de Jesus estava sujeito a medidas negativas, o incidente em Antioquia (Gl 2,11ss) aponta para conflitos entre a comunidade da Judéia e as instâncias judaicas. As prisões de Paulo, o martírio do Zebedeu Tiago, executado por Agripa I (At 12,1s) e da morte de Tiago, irmão do Senhor, a mando do sacerdote Ananias chamam a atenção para as rejeições e exclusões o mais tardar desde 40 d.C.[197] As obras de Lucas nos dão essas notícias em relação à protocomunidade de Jerusalém, pois tanto o evangelho, como Atos dos Apóstolos, estão marcados por uma "carreira de desviância".[198] Os conflitos posteriores ao seguimento originário de Jesus influenciaram também a descrição dos Evangelhos. Esse processo de movimento original para as protocomunidades foi marcado pelo deslocamento do carisma originário para o coletivo carismático. Em poucas décadas ocorreu um desenvolvimento sociorreligioso relevante no movimento de Jesus. Seria a dinâmica interna dos movimentos carismáticos que passou para um certo "carismatismo institucional" que acarretava uma delimitação para dentro e para fora. A figura da igreja carismática provocava um potencial conflitivo duradouro que influenciaria decisivamente um processo de crescente

---

[195] BROWN, Raymond Edward. *As Igrejas dos apóstolos*. São Paulo: Paulinas, 1986, p. 17. De acordo com o autor o século I ficou dividido em três períodos conhecido como: período apostólico, o período sub-apostólico, e o fim do século como início do período pósapostólico.

[196] STEGEMANN; STEGEMANN, 2004, p. 220.

[197] STEGEMANN; STEGEMANN, 2004, p. 220-221.

[198] STEGEMANN; STEGEMANN, 2004, p. 225 toma por base as abordagens weberianas a partir do aprofundamento feito por EBERTZ, M.N. *Das Charisma des Gekreuzigten*: Zur soziologie der Jesusbewegung, 1987. Onde aborda, a saber, que uma certa *desviância genuína* é própria dos movimentos carismáticos. Eles projetam "antimundos" nos quais é pregada a inversão da situação social. Essa desviância não implica uma ruptura com a tradição religiosa tradicional dominante, ao contrário, justamente ela é invocada como projeto do "antimundo". As estigmatizações, martírios, sofrimentos são reinterpretados com a ajuda da tradição sagrada.

desviância[199]. "Lucas atribuiu ao seguimento pós-pascal de Jesus já antes de 70 d.C uma posição claramente autônoma, delimitada para fora e assim desviante dentro do pluralismo de tendências do judaísmo".[200]. Todavia é importante destacar que essa experiência de desviância vividas por essas comunidades refletem a mesma experiência vivida pelas comunidades originárias. Esse processo é descrito nos Atos dos Apóstolos tanto como deslocamento geográfico e difusão da fé em Cristo, quanto como processo de diferenciação progressiva da vida comunitária e de um número crescente de experiências de conflito.[201]

É nesta situação que Lucas produz uma narrativa histórico-salvífica, formulada a partir de uma narração histórico-mítica de base do cristianismo primitivo de modo tal que evidencia a separação entre judeus e cristãos.[202] O extraordinário dessa narrativa histórico-salvífica é sua continuidade em Atos, esse novo escrito dar uma verdadeira continuidade da História da Salvação: a história de um novo povo de Deus, formado por judeus e cristãos.[203] O distintivo desta historiografia foi muito bem esboçada por Conzelmann: a história da salvação, é situada entre dois pontos limites: a criação e a parusia. Hans Conzelmann apresenta a teologia lucana na perspectiva histórico-salvífica, que abrange três épocas: o tempo de Israel (Antigo Testamento); o tempo de Jesus – centro do tempo (Evangelho); o tempo da Igreja (Atos dos Apóstolos);[204] a vida de Jesus era até então

---

199 STEGEMANN; STEGEMANN, 2004, p. 221.
200 STEGEMANN; STEGEMANN, 2004, p. 220.
201 STEGEMANN; STEGEMANN, 2004, p. 220.
202 THEISSEN, Gerd. *A religião dos primeiros cristãos*: uma teoria do cristianismo primitivo. São Paulo: Paulinas, 2009, p. 247.
203 THEISSEN, 2009, p. 249.
204 CONZELMANN, 1974, p. 37-41: Conzelmann compreende que os tempos da história da salvação devam ser divididos assim, devido sua análise exegética de algumas passagens de Lucas. Ainda pondera Lc 16,16 como marco de distinção das épocas de Israel e de Jesus.

interpretada como o fim dos tempos escatológico, Lucas, porém interpreta sua história como o centro do tempo.[205]

3.1 Comunidade entusiasta

Percebe-se que "a forma primitiva de cristianismo parece não ter sido outra coisa que uma seita entusiástica"[206]. Não é fácil retroceder as fontes das comunidades primitivas na Palestina. Os escritos lucanos ilumina essa perspectiva entusiástica, principalmente no texto de Atos. "Se Atos contém alguma história afinal, então é difícil negar que experiências visionárias e extáticas, milagres e inspiração imediata no falar foram traços característicos das igrejas do séc. I"[207]

> A primeira grande experiência comunitária do Espírito em Pentecostes, descrita por Lucas em Atos 2, tem de ser reconhecida como uma experiência extática que no mínimo incluíam elementos de audição (som como um vento forte), visão (línguas de fogo) e discurso automático (glossolalia). Que isso foi entendido como uma experiência do Espirito (e presumivelmente não apenas por Lucas) nos conta alguma coisa tanto da importância de tais experiências nos primeiros anos da nova seita e acerca do caráter atribuído ao Espírito, em At 4.31; 8.17ss, 10.44ss e 19.6. Em cada caso Lucas está obviamente descrevendo homens alcançados fora de si mesmos, isto é, em êxtase.[208]

Para Lucas, essas visões desempenharam uma parte significativa na direção dos rumos da missão da comunidade primitiva (At 9,10; 10,3-6; 10-

---

[205] THEISSEN, 2009, p. 250 sugere uma reformulação das ideias de Conzelmann, no lugar de história tripartida deve ser visto de acordo com a obra dupla lucana um tempo duplo: tempo da promessa e do cumprimento.

[206] DUNN, James. *Unidade e diversidade no Novo Testamento*: Um estudo das características dos primórdios do cristianismo. Santo André - SP: Academia Cristã, 2009, p. 286.

[207] DUNN, 2009, p. 286.

[208] DUNN, 2009, p. 287.

16; 16,9s; 18,9; 22,17). Isso é tão fato que em algumas decisões importantes são determinadas por visões.[209]

Os milagres também fizeram parte dos acontecimentos extraordinários relatados por Lucas.[210] O registro de Atos é adequadamente confirmado pelos muitos testemunhos de primeira mão de Paulo (Rm 15,19; 1 Co 12,10.28s; Gl 3,5). "Estas obras maravilhosas apareceram e foram registradas pelas comunidades onde o entusiasmo cativasse uma reunião ou uma comunidade por toda a história da religião".[211] Não foi à comunidade a única a achar importante essas curas e milagres. Já para o próprio Jesus elas eram particularmente importantes chegando a parafrasear com as palavras "expulso demônios e realizo curas" (Lc 13,32).[212]

Era comum a comunidade primitiva valorizarem e incentivarem a busca do Espírito, como é o caso de Paulo escrevendo aos seus leitores em coríntios para que experimentassem a profecia (1 Co 14,5) e suas admoestações aos novos professos contra a restrição do Espírito profético (1Ts 5,19). A partir de Atos percebe-se que a profecia de Joel toma contornos práticos – todos eram profetas, sejam jovens ou velhos, pais ou filhos, senhores e servos (At 2,17s). Eles agiam e falavam corajosamente, com autoridade, fazendo isso em "nome de Jesus", como representantes diretos do Cristo ressuscitado (At 2,38; 3,6,16; 4,10,13,29-31; 5,28, 40s). "A história do cristianismo tinha por essas ações as maiores características de entusiasmo".[213]

---

[209] DUNN, 2009, p. 287.
[210] JEREMIAS, Joachim. *Teologia do Novo Testamento.* 2.ed. São Paulo: Editora Teológica, 2004, p. 146-155 põem em análise as narrativas de milagres nos evangelhos e chega a quatro resultados: 1) o relato dos milagres reduzem-se consideravelmente depois de passados pela crítica literária e linguística; 2) o material sofre redução quando comparado a histórias de milagres rabínicas e helenísticas; 3) a análise pela crítica da forma, para assim identificar uma camada da tradição mais recente (helenística) e mais antigas (palestina) e 4) um núcleo de tradição firmemente associado com os fatos do ministério de Jesus.
[211] DUNN, 2009, p. 288.
[212] JEREMIAS, 2004, p. 155.
[213] DUNN, 2009, p. 288.

A frequência e intensidade dessas variadas experiências compreende o jeito de ser desta comunidade, "como uma comunidade onde tais experiências eram características, uma comunidade que amplamente dependiam de tais experiências para sua sustentação espiritual e senso de direção"[214]

No Novo Testamento há claras indicações em vários escritos quanto a tendência ou vertente muito forte entusiástica no cristianismo do século I. E isso não quer dizer que outros autores não trataram da mesma temática, pois junto com Lucas também Paulo e João são dois teólogos primitivos que desenvolveram suas próprias teologias pneumatológicas. Paulo apresenta o Espírito como a base da fé: "Ninguém pode dizer 'Senhor Jesus' se não for pelo Espírito Santo" (1 Co 12,3). O Espírito é a norma de vida cristã que é dirigida pela Lei do Espírito (Rm 8). Em contrapartida o pensamento joanino desenvolve sua pneumatologia a partir dos discursos de despedida (a saber Jo 14-17): o Espírito-paráclito que atualiza os ensinos de Jesus (Jo 14,25s), revela o Filho (Jo 15,26s) e conduz a plenitude da verdade (Jo 16,8-15).[215]

Lucas, principalmente nos Atos dos Apóstolos, não salienta a ideia de que o Espírito Santo faça nascer à fé, nem que ele glorifique o Filho. A intencionalidade de Lucas é mostrar que o Espírito domina as comunidades, dirigindo os apóstolos, a suscitar gestos, falas, palavras. Uma pergunta se faz necessária neste momento é: qual é o perfil do Espírito segundo os Atos? De acordo com James Dunn:

> O próprio Lucas deve ser considerado como um pouco entusiasta (ainda que não elitista). Quando ele olha para trás, para o começo do cristianismo em Atos, são os traços entusiásticos que ele sempre seleciona – assim entre os evangelhos sinóticos é somente Lucas

[214] DUNN, 2009, p. 288-289.
[215] DUNN, 2009, p. 289.

> que menciona a única experiência claramente extática de Jesus (Lc 10.18; cf. 10.21; 22.43). Além disso, ao salientar os fenômenos de entusiasmo ele o faz de um modo surpreendentemente acrítico.[216]

Acusar Lucas de acrítico é no mínimo descabido. A singularidade de Lucas é precisamente de que ele faz uma narração da obra do Espírito na história. A preocupação de Lucas não é discussão e muito menos defesa da ação ou do modo da ação seu propósito é apenas narrar.[217]

> Não expõem nenhuma doutrina sobre o Espírito, mostra-o à obra. Lucas nunca explica nada sobre o seu conceito de Espírito (que ele deriva, me parece, diretamente do Antigo Testamento), e esse esquecimento irrita os teólogos, prontos a julgar que ele não tinha uma pneumatologia bem elaborada e meditada.[218]

Pneumatologia é um daqueles temas teológicos em Lucas e Atos que têm sido estudados extensivamente.[219] No Novo Testamento nenhum outro autor fala com tanta frequência sobre o Espírito. Discussões acadêmicas tem se centrado sobre como a forma do Espírito é identificado e sobre o papel que lhe é dado. Um elemento na discussão tem a ver com a questão de saber se Lucas nesse uso depende principalmente de categorias e conceitos que ele toma emprestados das Escrituras Hebraicas e pensa o Espírito como uma espécie de poder impessoal, ou melhor, deve ser considerado como um antecessor de uma posição cristã tardia que vê o Espírito como uma pessoa.[220] É comumente aceito que Lucas se refere ao Espírito como uma fonte de inspiração para o comportamento humano, seja

---

216 DUNN, 2009, p. 290-291.
217 THIESSEN, 2009, p. 248. Dos três evangelistas sinóticos, Lucas é o que menos dificuldades têm para narrar a propósito do ser divino de Jesus e de suas obras.
218 MARGUERAT, 2003, p. 114.
219 VERHEYDEN, 2012, p. 36.
220 VERHEYDEN, 2012, p. 36.

ela meramente profética ou também de uma forma soteriológica.[221] Também é debatido se Lucas mantém um único e mesmo ponto de vista sobre o Espírito em todo o trabalho, embora seja óbvio que para ele o mesmo Espírito conduziu Jesus e a missão dos discípulos.[222] O que se percebe é que Lucas não tem nenhuma preocupação diante da variedade nem diante a materialidade de suas intervenções. Nem tudo é possível evidenciar dentro de uma narrativa, com respeito a esses limites Daniel Marguerat discorre:

> É possível pressentir os limites da reflexão lucana sobre o assunto. Tais limites são ditados, ao menos em parte, pela estreiteza do gênero narrativo. Contando sobre as obras do Espírito, mais do que falando sobre ele mesmo, Lucas apresenta a seu leitor *uma pragmática do Espírito*.[223]

Lucas não busca redigir conceitos, mas uma pragmática do Espírito Santo. A pragmática do Espírito traduz e induz uma experiência do mesmo Espírito. Isso não quer dizer que seu conteúdo é inexpressivo. Esta comunidade é, portanto, não apenas, estimulada a pensar no Espírito, mas a vivê-lo e a discernir seu percurso no decurso da história. Contar com o Espírito Santo no cenário do relato significa admitir ação de Deus nas vicissitudes da comunidade a sua volta.[224]

3.2 Jesus como profeta carismático no evangelho de Lucas

O cristianismo nasce a partir da figura de um judeu praticante, habitante da Galiléia. Da mesma forma como outros antes dele Jesus tem um relacionamento conflitante com a forma dominante de viver do

---

[221] VERHEYDEN, 2012, p. 36.
[222] VERHEYDEN, 2012, p. 36.
[223] MARGUERAT, 2003, p. 114.
[224] MARGUERAT, 2003, p. 114.

judaísmo de seu tempo. Jesus foi um profeta, um religioso que viveu à margem do judaísmo tradicional, guiado por uma nova experiência de Deus, seu Pai. A mensagem de Jesus, ao contrário da mensagem escatológica de João Batista, anuncia a presença imediata e inicial do reino de Deus[225].

Jesus se apresenta como alguém que reage contra a ordem religiosa estabelecida. Ele visava construir uma sociedade em que a dominação de uns homens sobre os outros fosse substituída pelo serviço mútuo incondicional, em que as relações humanas fossem caracterizadas, não pela competição, mas pela reciprocidade viva[226].

Jesus é inevitavelmente influenciado pelo Judaísmo carismático[227], os evangelistas apresentam bastante evidência de que o povo simpatizante da Galiléia via Jesus como um profeta e isso não era devido à sua habilidade de ensinar ou de predizer o futuro, mas segundo a definição popular "o profeta Jesus, de Nazaré da Galiléia" (Mt 21,11), era reconhecido como aquele que obra milagres e prodígios[228]. O tempo de Jesus é o tempo de salvação, do cumprimento das promessas veterotestamentárias. Lucas apresenta o tempo da atuação de Jesus, que ocupa o centro da história da salvação, como tempo de salvação. "Esse tempo é caracterizado em passagens como Lc 4.16-21 e At 10.38, "na atuação de Jesus no anúncio da Palavra e curas"[229].

Entender essa etapa histórica é primordial para a compreensão da Igreja, pois a arché da Igreja tem seu fundamento na própria atuação de Jesus, que se configura como imagem da salvação atemporal[230].

---

[225] HOFFMANN, Paul. *A Herança de Jesus e o poder na Igreja.* São Paulo: Paulus, 1998.
[226] HOFFMANN, 1998.
[227] VERMES, 2006, p. 226-228.
[228] VERMES, 2006, p. 226.
[229] CONZELMANN, 1974, p. 32.
[230] CONZELMANN, 1974, p. 260.

É "um profeta poderoso em obra e em palavra, diante de Deus e de todo o povo", dirão os discípulos de Emaús (Lc 24,19). Formou em torno de si um grupo de discípulos e prega outra forma de entender Deus, a forma de com ele se relacionar, bem como a forma de se relacionar com as demais pessoas. "Tendo acompanhado Jesus durante o seu ministério público, os discípulos, após a sua morte, fundaram uma comunidade que, animada pelo mesmo Espírito, prosseguiu no caminho profético".[231]

Neste sentido, Jesus de Nazaré caracteriza-se perfeitamente como a voz carismático-profética. Após sua morte e ressurreição, conforme o relato dos Evangelhos, seus discípulos trilham as pegadas do crucificado formam um grupo que questiona nas discussões internas do judaísmo, apresentando Jesus como aquele que todo o povo judeu esperava, e, portanto, a concretização da busca judaica. Nasce a Igreja num contexto de "contestação ao sistema religioso judaico, de expectativa do fim do mundo, de efervescência e de manifestações carismáticas, de acolhida, de liberdade e de destruição das barreiras sociais[232]".

Lucas pinta histórias que não são vistas em outros evangelhos, como as histórias sobre a infância de Jesus, a pesca maravilhosa e o chamado de Pedro, as parábolas tão marcantes da ovelha perdida, da moeda perdida e do filho pródigo, do agricultor rico, do administrador infiel, do rico e de Lázaro, do fariseu e do publicano e muito mais. Causa impacto especial a sua história do sofrimento, como mostram as palavras de Jesus na cruz que só Lucas registra. Não saberíamos muitas coisas sobre Jesus, se Lucas não tivesse se esmerado nesse tipo de pesquisa. O terceiro evangelho comporta uma dimensão profética de Jesus, Ele se situa claramente na classe dos profetas. O interesse pessoal de Lucas em apresentar Jesus como um profeta é percebido facilmente na menção que faz dos trechos de Marcos

---

[231] BONNEAU, 2003, p. 13.
[232] BONNEAU, 2003, p. 13.

sobre o assunto (Lc 4,16-24; Mc 6,1-6; Lc 9,8; Mc 6,15; Lc 9,19; Mc 8,28)[233].

Segundo os estudiosos o Espírito está em ação desde a concepção de Jesus, afirmam que ali se inaugura o ministério profético, mas com certeza no seu batismo ele é manifesto em plenitude, "ele que é a origem da comunidade *(carismático-profética)* inicia seu 'caminho para Jerusalém' a partir do seu Batismo, onde o Espírito manifesta sua vocação (Lc 3,21s) e entrega sua missão (Lc 4,14-21)"[234]

De acordo com o texto de Lc 4,22, o escritor menciona que "palavras cheias de graça"[235] saíam da boca de Jesus. Essa expressão remete ao Espírito profético que repousa sobre personagens inspirados, para testemunhos (cf. Lc 12,12; 21,15; 2,40-52; 11,49).

> No Evangelho de Lucas, o caráter profético de Jesus é mais destacado ainda do que no evangelho de Marcos. Desde a concepção, o caráter profético de Jesus já foi manifestado. Todo o evangelho de infância se inspira nos profetas antigos e mostra a continuidade entre Jesus e eles.[236]

É comum também Lucas evidenciar Jesus se identificando com os profetas antigos, há quem defenda que o texto lucano se inspira nos Escritos do Antigo Testamento para justificar o procedimento de Jesus. O Antigo Testamento aparece continuamente através do gênero literário de

---

[233] O conteúdo de Marcos é seguido em Lucas até a "grande lacuna" (Mc 6,45-8,26). A complementação desse material está nas histórias sobre a infância de Jesus, na "pequena intercalação", na "grande intercalação" e nas histórias da ressurreição, como propõe HÖRSTER, 1996, p. 33.

[234] ROBERTI, C. O Espírito santo na obra de Lucas. In*: O Espírito Santo formador de comunidades.* Estudos Bíblicos. n. 45. Petrópolis-RJ: Vozes, 1995, p. 49.

[235] No grego (transliterado): *lógois tès cháritos.* [NOVO TESTAMENTO trilíngue: grego, português e inglês. São Paulo: Vida Nova, 1998, p. 167.] Conforme GINGRICH, F. Wilbur; DANKER, Frederick. W. *Léxico do Novo Testamento:* grego/português. São Paulo: Vida Nova, 2004, p. 222: *cháritos* corresponde à graciosidade, atratividade, ou seja, as palavras de Jesus eram tremendamente graciosas e de chamar a atenção dos seus ouvintes.

[236] COMBLIM, 2008, p. 82-83.

Midrash[237]. Da mesma forma "os comentários serviram, em parte, para esclarecer o significado e, em parte, para desenvolver a mensagem registrada na Escritura"[238].

Lucas apresenta Jesus como profeta na mesma condição de Moisés e Elias, julgando que estes "diferentes pontos de vista sobre o profetismo de Jesus se entrecruzam para colocar em evidência uma mesma e única realidade: desde seu batismo, Jesus recebe o Espírito para realizar uma missão profética terrena"[239].

Encontra-se facilmente, no terceiro evangelho, o próprio testemunho de Jesus, como nós vemos em sua pregação, na sinagoga de Nazaré (Lc 4,16-24; Mc 6,1-6), contém uma citação de acréscimo (Is 61,1-2) que não consta em Marcos. Com essa finalidade, Lucas deseja acentuar o caráter profético do ministério do Nazareno. Ainda nesta perícope Lucas, utilizando-se de Marcos diz que Jesus falou: "em verdade vos digo que nenhum profeta é bem recebido em sua pátria" (Lc 4,24). Mas ele vai além novamente e prolonga o discurso de Jesus referindo-se a Elias, a viúva de Sarepta, bem como a Eliseu e a Naamã, o sírio leproso (Lc 4,30).

Já em Lc 13,33-34, Jesus não espera melhores condições que os profetas antigos, ao que parece, para que seu caráter profético alcance um clímax, ele deveria morrer. Outros textos evidenciam as reações populares, como vemos em Lc 7,16, "todos ficaram com muito medo e glorificavam a Deus: Um grande profeta surgiu entre nós e Deus visitou o seu povo'". O texto mencionado é referente à ressurreição do filho da viúva de Naim, o texto é construído e associado a Jesus e a Elias conforme 1Rs 17,10-24.

Lc 7,11-17	1Rs 17,10-24
v. 11 Jesus se dirige a Naim;	v. 10 Elias vai a Sarepta; ali

[237] ROBERTI, 1995, p. 48.
[238] VERMES, 2006, p. 150.
[239] BONNEAU, 2003, p. 122.

v. 12 ali, encontra a viúva à porta da cidade; seu filho único é levado para ser enterrado. v. 14 Jesus ressuscita o filho; v. 15 Jesus o entrega a sua mãe.	encontra a viúva à porta da cidade. v. 17 Seu filho único está morto. vv. 19-22 Elias faz o menino reviver. v. 23 Elias o entrega a sua mãe

O próprio rei Herodes, o tetrarca, fica admirado com a fama de Jesus. Os rumores a respeito da pessoa de Jesus dizem que João (O Batista) havia ressuscitado, ou haveria surgido um profeta de outrora; outros ainda afirmavam que Elias havia reaparecido (Lc 9,7-8). Até mesmo os discípulos relatam a Jesus como o povo se referia a ele (Lc 9,19). E por fim, o último capítulo do terceiro evangelho anuncia a aparição do ressurreto aos discípulos no caminho de Emaús. Segundo o texto, Jesus os interroga a respeito da discussão deles: "Responderam: 'O que aconteceu a Jesus, o Nazareno, que foi um **profeta poderoso** em obra e em palavra, diante de Deus e diante de todo o povo'". (Lc 24,19).

Concluímos que para os espectadores que viram Jesus atuando em seu ministério, reconheciam nele a figura de um profeta. Lucas mais do que os demais evangelistas prioriza essa perspectiva. Fica claro, no terceiro evangelho, que Lucas busca a continuidade do elemento carismático-profético de Jesus na sua comunidade. Lucas busca, então, evidenciar que a sucessão profética atingiu a Igreja, fazendo dela uma comunidade profética continuadora da obra de Jesus. Somente através da morte e tornando-se Senhor e Messias na ressurreição (At 2,36), Jesus "recebeu do Pai o Espírito Santo prometido e o derramou, e é isto o que vedes e ouvis" (At 2,33). Nessa perspectiva, entendemos que o ministério profético de Jesus serve de "ponta-pé" inicial para a obra profética da Igreja.

3.3 Os atos dos apóstolos

Assim como o Espírito Santo aparece como força dinamizadora e orientadora na prática de Jesus, na primeira obra lucana, em Atos dos Apóstolos a presença consoladora do Espírito Santo na prática e no testemunho dos seus discípulos[240]. A narrativa de Atos enaltece a imagem de um cristianismo essencialmente profético-carismático, fundado e dirigido pelo Espírito Santo. Para Lucas, o envio do Espírito Santo é a premissa necessária para o surgimento da Igreja e da realidade escatológica que determina sua existência. Atos trata da "relação do Espírito com Jesus, do seu efeito no cristão individual, bem como da sua função para o todo da Igreja."[241].

O tempo da Igreja é o tempo do kerygma, de pregação da "Palavra" na força do Espírito, que conduz a Igreja, assim como conduziu a Jesus em sua missão. A missão da Igreja é compreendida como continuação da missão de Jesus. O chamamento à conversão e o anúncio da Palavra, que é o próprio Cristo compreendido a partir da Escritura, são a tarefa própria da Igreja. Com a atenuação da Parusia, a ênfase se situa na ética da Igreja. Daí seu olhar retrospectivo à vida de Jesus. Seu caminho se apresenta como proposta para o caminhar do discípulo na Igreja.[242]

> O livro de Atos quer mostrar o início dessa grande profecia coletiva. O povo de Deus, a Igreja, é todo profético e a sua profecia não é nova, mas comunica ao mundo inteiro a profecia de Jesus. A Igreja é testemunha da profecia de Jesus. Com ela, o Espírito, que guiava os passos de Jesus, ilumina agora os discípulos dele no meio de todos os povos da terra.[243]

---

[240] DALBON, C. A igreja que nasce do povo pelo Espírito. In: *O Espírito Santo formador de comunidades*. Estudos Bíblicos. n. 45. Petrópolis-RJ: Vozes, 1995, p. 56.
[241] ROLOFF, 2005, p. 231.
[242] CONZELMANN, 1974, p. 324.
[243] COMBLIM, 2008, p. 84-85.

Atos deve ser compreendido como o "Evangelho do Espírito Santo segundo Pedro, Paulo e as comunidades de origem" [244]. O vocábulo *pneuma* (espírito) é repetido cerca de setenta vezes neste livro, o que representa um quinto das utilizações do termo no Novo Testamento.[245] Lucas ressalta que Jesus é um portador do Espírito. Toda sua atuação é um agir no Espírito (Lc 4,1; At 10,38). Ele possui o Espírito e dispõe dele. Somente na sua despedida ele abre aos discípulos a perspectiva de receber o Espírito, assim inicia-se a narrativa, com uma promessa do ressuscitado a seus apóstolos (Lc 24,49; At 1,8). Anteriormente, em At 1,4 ordena que esperem em Jerusalém a realização da "promessa do Pai", isto é o batismo no Espírito Santo (At 1,5). No relato do Pentecostes, Lucas evidencia a promessa cumprida por Jesus, que recebe de Deus o Espírito, para derramá-lo sobre a comunidade de discípulos (At 2,33), logo apresenta o Espírito que invade os fiéis, tornando-os profetas.

> Todavia, não permitem serem desprezados os interesses historiográficos de Lucas. Escreve ele não só a história de Jesus escreve também a da expansão da primeira cristandade. Lucas tem clara noção do tempo que o separa dos inícios. A história da primeira cristandade se lhe constitui em ponte que liga o seu tempo ao de Jesus.[246]

A presença do Espírito na Igreja pode ser considerada "substituto da presença física de Jesus como portador do Espírito"[247]. Ainda pressupõe que o Espírito possibilita "o testemunho de Jesus e torne presente a sua vontade". "Juntamente com os apóstolos e os mestres, versados na

---

[244] DALBON, 1995, p. 5.
[245] BONNEAU, 2003, p. 125.
[246] BRAKEMEIER, 1984.
[247] ROLOFF, 2005, p. 232.

Escritura, os profetas foram os personagens-chave na expansão do cristianismo e na orientação das comunidades"[248]

Observa-se que o retrato pintado em Atos enfatiza um contexto de vida ideal da protocomunidade, onde o culto, inspirado pelo Espírito desenvolve um ambiente de fraternidade, concórdia e disposição para a renúncia de posses (At 2,42-47; 4,32-35). "A força do Espírito de Jesus está moldando a fisionomia da Igreja". É a memória pascal que reflete o testemunho assumido profeticamente e vivificado pelo Espírito que organiza a comunidade de forma comunitária e participativa.[249] "Uma continuidade se delineia entre o Espírito profético do qual está revestido Jesus no Evangelho e o mesmo Espírito que desce sobre a comunidade"[250].

Essa delineação supõe uma continuidade da mesma autoridade exercida por Jesus, que agora se manifesta pela atuação carismático-profética de uma Igreja sob a direção do Espírito. Com frequência Lucas fala da função do Espírito na definição da direção que a igreja deva seguir. Em Atos, Lucas mostra que a Igreja se depara com questões críticas e situações de soluções difíceis, por exemplo, as intervenções do Espírito forçam Filipe (At 8,29) e Pedro (At 10,19;11,12) a acolher não-judeus na comunidade através do batismo. Paulo e Barnabé são enviados pela comunidade de Antioquia para a missão entre os gentios com base numa orientação do Espírito (At 13,2), e o êxito deste trabalho resultou em reconhecimento da Igreja, concluindo que Deus "abriu a porta da fé aos gentios" (At 14,27). No grande concílio de At 15, Tiago e os irmãos reconhecem os cristãos gentios como integrantes do povo de Deus em igualdade de direitos "o Espírito e nós decidimos" (At 15,28). "Pentecostes representa, portanto, a aplicação à comunidade cristã da obra profética de Jesus, enquanto a cena em casa de Cornélio manifesta sua extensão às

[248] ESTRADA, 2005, p. 232.
[249] DALBON, 1995, p. 56.
[250] BONNEAU, 2003, p. 134.

nações pagãs"[251]. O ápice desta orientação é vista na vida do apóstolo Paulo, cujo itinerário missionário é determinado até nos detalhes por orientação do Espírito: o Espírito o impede de seguir a sua missão desejada (At 16,6); o envia em uma visão noturna para a Grécia (At 16,9s) e também traça o caminho rumo a Jerusalém, e assim para a prisão e sofrimento em Roma (At 19,21; 20,22; 21,11).

---

[251] BONNEAU, 2003, p. 141.

CONCLUSÃO

Nós nos propusemos a trabalhar com os textos lucanos considerando seu grande valor literário, histórico e teológico. Analisamos o valor dos textos lucanos e seu caráter introdutório para entender as motivações que fizeram surgir um texto de rica narrativa de valor teológico e literário.

No primeiro capítulo pudemos revelar o interesse de Lucas para que a sua obra fosse aceita pela comunidade como um texto histórico. Já no seu prólogo revela suas intenções de dispor das fontes escritas e da tradição oral que obteve para compor um todo que atendesse a necessidade teológica de seu escrito. Quanto às fontes Lucas toma Marcos como um esqueleto para o seu Evangelho, insere material de Q e suas próprias contribuições como as histórias de infância e as narrativas de viagem. O relato de Lucas-Atos demostrou uma intencionalidade que pode ser vista na continuidade do livro de Atos como bem defendeu Cadbury e Dibelius, mas na atualidade a discussão continua de forma intrigante na sua unidade interna, no entanto chega-se a conclusão que podemos tomar a obra dupla como um fato heurístico.

A literatura lucana é uma história da salvação, a intenção de por situações historizantes tem para Lucas um valor de identidade e fidelidade as tradições cristãs primitivas que refletem seu caráter biográfico. Ou seja, naquilo que ele tem como fato ele não discute e nem faz acréscimos desnecessários, antes seu brilhantismo literário é visto na construção do texto com nexo. Quer cadenciar cada fato, atribuindo lhe historicidade, cronologia a fim de lhe oferecer localidade e temporalidade. Demonstrando como Jesus cumpre sua obra salvífica e como o Espírito dar continuidade na história da Igreja, Lucas resolve a situação histórico-eclesiológica ou histórico-teológica que a demora da parusia ocasionou, antes elabora em seus relatos a autocompreensão clara da fé. Onde a igreja permanece presente batalhando e sofrendo mantendo se como herdeira de Cristo na terra. Por fim analisando os possíveis gêneros literários que os escritos lucanos possam suportar vemos a flexibilidade que o gênero teve no período Romano e Helenístico. Vemos a gama de argumentações em ambas as propostas que cabe nos tomar cada um com apresso e consideração. Não estão fechadas as hipóteses. Admitimos que apesar da escassez de seus matérias e as devidas ponderações feitas por Lucas fizeram dos seus escritos uma obra coerente, pertinente que conta o caminho do Evangelho de Jerusalém a Roma. Não fica preso apenas ao trato histórico antes dedica se a defender a sua fé a partir dos discursos literários dos adeptos e adeptas, que não possuem semelhança com nenhum escrito antigo, mas revela as profundas memórias daquela comunidade.

No capítulo dois apresentamos o quadro-teórico que teve como objetivo a história da pesquisa histórica do Jesus carismático e seus desdobramentos nas demais ciências. Partimos então, da análise da perspectiva weberiana, a sua concepção religiosa-científica para o carisma. Destacamos as grandes contribuições feitas pela fenomenologia através dos esforços de Rudolf Otto que define Jesus como um carismático originário. Posteriormente a partir da busca teológica pelo Jesus Histórico por Hermann Reimarus, Schweitzer, Bultmann, Käsemann e na atualidade por figuras como Crossan e Meier. A crítica cientifica não resolveu o problema antes gerou um profundo descontentamento na historicidade e no valor redacional do Evangelho e Atos. Como fruto dessa terceira busca a linha hermenêutica é considerada. Passa se a uma leitura sociológica mais tangível tendo como fonte a própria pessoa de Jesus, o quanto a sua presença carismática na comunidade geram ações que demonstram seu poder e sua autoridade. Destacamos o papel importantíssimo de Gerd Theissen e Geza Vermes. Chegamos ao fim deste capítulo considerando os pressupostos inqueridos por James Dunn em sua obra o *Jesus Remembered* para ele é necessário ponderar à tentativa atual de apreciar a oralidade na tradição de Jesus com base no valor que o impacto de Jesus trouxe na memória da comunidade pré-pascoal.

No terceiro capítulo vemos como o carismatismo de Jesus da comunidade apostólica se desloca para a protocomunidade de Jerusalém, como esse período evidencia muito dos escritos de Lucas. A comunidade da Judéia ou protocomunidade de Jerusalém é uma comunidade extremamente carismática e cheia de grandes expectativas. Está a passar por mudanças estruturais de convivência, um exemplo disso é a necessidade do surgimento das lideranças que assumem um papel fundamental de referências das memórias de Jesus é o caso do círculo dos Doze, os três colunas e o círculo dos Setes. As obras lucanas apresentam em suas entrelinhas o desdobramento das perseguições que sobrevieram a essa comunidade primitiva pelo pluralismo judaico, antes mesmo de 70 d.C. Surge o movimento desviante, necessariamente carismático que toma a tradição como seu ponto principal de defesa da fé mas racha com a pluralidade religiosa judaica. A carreira desviante provoca impacto preponderante nos escritos sendo interpretado como um deslocamento do carisma originário para um carisma institucional.

Hans Conzelmann salienta a grande valor histórico-teológico que Lucas traz em sua história salvífica. Jesus é o meio dos tempos. Ainda que não seja agora a sua vinda Conzelmann interpreta o período da igreja com demasiado entusiasmo. Os escritos lucanos tem um teor pneumatológico extremamente pragmático. Não se pode supor se Lucas já tenha uma concepção do Espírito como pessoa, mas ele não discute a questão, seu intento é narrativo-teológico mostrar a narração da obra do Espírito. Por fim analisados os escritos (Evangelho e Atos) sob a perspectiva carismática percebe se o quanto Jesus no Evangelho de Lucas e os missionários cristãos em Atos possuem os mesmos aspectos carismático. Em Lucas Jesus é comparada com os profetas judaicos, já em Atos Estevão, Pedro e Paulo se assemelham a Jesus na autoridade, nos milagres e nos conflitos (perseguições).

Neste sentido é bastante plausível que tomemos os escritos lucanos como discursos carismáticos que evidenciam uma dada situação histórica que denominamos de sub-apostólica ou comunidade da Judeia que sofre mudanças estruturais na ordem de convivência e sobrevivência. Lucas faz referências pertinentes a esse desejo de continuidade em sua obra deixando marcadamente impresso em suas linhas o carismatismo de Jesus e sua herança a Igreja primitiva.

REFERÊNCIAS

ADAMS, Sean; PAHL, Michael. *Issues in Luke-Acts*: selected essays. Gorgias handbooks, 2012.

BÍBLIA, Tradução ecumênica. São Paulo: Loyola, 1994.

BONNEAU, Guy. *Profetismo e instituição no cristianismo primitivo*. São Paulo: Paulinas, 2003.

BORNKAMM, Günther. *Bíblia. Novo Testamento*: introdução aos seus escritos no quadro da história do cristianismo primitivo. 3.ed. São Paulo: Teológica/ Paulus, 2003.

BRAKEMEIER, Gottfried. Observação introdutória ao Evangelho de Lucas. In: *Proclamar Libertação*. vol. X. São Leopoldo-RS: Sinodal / Escola Superior de Teologia, 1984. Disponível em: <http://www.luteranos.com.br/articles/17031/1/-Observ-introdut-ao-Evangelho-de-Lucas/1>. Acesso em: 27 fev. 2013.

BROWN, Raymond Edward. *As Igrejas dos apóstolos*. São Paulo: Paulinas, 1986.

BOVON, François. *El Evangelio segun san lucas*: Lc 1-9.Tomo I Biblioteca de Estudios Biblicos n.85. Salamanca: Sigueme, 1995.

BULTMANN, Rudolf. *Teologia do novo testamento*. São Paulo: Teológica, 2004.

CARSON, Donald Arthur et al. *Introdução ao Novo Testamento*. São Paulo: Vida Nova, 1997.

COMBLIN, José. *A profecia na igreja*. São Paulo: Paulus, 2008.

CONZELMANN, Hans. *El centro del tiempo*: la teologia de Lucas. Madrid: Fax, 1974.

CORNELLI, Gabriele. Metodologia e resultados atuais da busca pelo Jesus Histórico. In: CHEVITARESE, André Leonardo et al. *Jesus de Nazaré*: uma outra história. São Paulo: Annablume/Fapesp, 2006.

DALBON, C. A igreja que nasce do povo pelo Espírito. In: *O Espírito Santo formador de comunidades*. Estudos Bíblicos. n. 45. Petrópolis-RJ: Vozes, 1995.

DUNN, James. *Unidade e diversidade no Novo Testamento*: Um estudo das características dos primórdios do cristianismo. Santo André-SP: Academia Cristã, 2009.

FITZMYER, Joseph. *El Evangelio segun Lucas*. Introducción general. Tomo I. Madrid: Cristiandad, 1986.

GINGRICH, F. Wilbur; DANKER, Frederik W. *Léxico do Novo Testamento*: grego/português. São Paulo: Vida Nova, 2004.

GOPPELT, Leonhard. *Teologia do novo testamento*: pluralidade e unidade do testamento apostólico a respeito de Cristo. v.2. São Leopoldo-RS/Petrópolis: Sinodal/ Vozes, 1982.

HOFFMANN, Paul. *A Herança de Jesus e o Poder na Igreja*. São Paulo: Paulus, 1998.

HORSLEY, Richard; HANSON, John. *Bandidos, profetas e messias*: movimentos populares no tempo de Jesus. São Paulo: Paulus, 1995.

HÖRSTER, Gerhard. *Introdução e Síntese do Novo Testamento*. Curitiba-PR: Evangélica Esperança, 1996.

JEREMIAS, Joachim. *Estudos no novo testamento*. São Paulo: Academia Cristã, 2006.

______. *Teologia do Novo Testamento*. 2.ed. São Paulo: Teológica, 2004.

KOESTER, Helmut. *Introdução ao novo testamento*: história e literatura do cristianismo primitivo. vol.2. São Paulo: Paulus, 2005.

MARGUERAT, Daniel. *A primeira história do cristianismo*: os atos dos apóstolos. Coleção Bíblica Loyola n.35. São Paulo: Paulus e Loyola, 2003.

MARSHALL, Ian Howard. *Teologia do novo testamento:* diversos testemunhos um só testamento. São Paulo: Vida Nova, 2007.

MEIER, John Paul. *Um judeu marginal*: repensando o Jesus histórico. v.1. Rio de Janeiro: Imago, 1993.

NOVO TESTAMENTO trilíngue: grego, português e inglês. São Paulo: Vida Nova, 1998.

OTTO, Rudolf. *Lo santo*: lo racional y lo irracional em la idea de Dios. El libro de bolsillo Religión y mitologia. Madrid: Alianza Editorial, 2005.

PHILLIPS, Thomas. *The Genre of Acts*: Moving Toward a Consensus? SAGE Publications: London, Thousand Oaks CA and New Delhi, v.4, n.3, 2006.

RABUSKE, Irineu José. *A igreja em suas origens*: revisitando os atos dos apóstolos. Teocomunicação Porto Alegre, v. 42, n. 1, jan./jun. 2012, p. 5-18.

ROBERTI, C. O Espírito santo na obra de Lucas. In: *O Espírito Santo formador de comunidades*. Estudos Bíblicos. n. 45. Petrópolis-RJ: Vozes, 1995.

ROLOFF, Jurgen. *A Igreja no Novo Testamento*. São Leopoldo: Sinodal, 2005.

STEGEMANN, Ekkehard; STEGEMANN, Wolfgang. *História social do protocristianismo*: os primórdios no judaísmo e as comunidades de Cristo no mundo mediterrâneo. São Leopoldo, RS: Sinodal; São Paulo: Paulus, 2004.

STEGEMANN, Wolfgang. *Jesus e seu tempo*. São Leopoldo-RS: Sinodal; EST, 2012.

THEISSEN, Gerd. *A religião dos primeiros cristãos*: uma teoria do cristianismo primitivo. São Paulo: Paulinas, 2009.

______; MERZ, Annete. *El Jesus histórico*: manual. Salamanca: Sigueme, 1999.

VERMES, Geza. *As várias faces de Jesus*. Rio de Janeiro: Record, 2006.

VIELHAUER, Philipp. *História da literatura cristã primitiva*: introdução ao novo testamento, aos apócrifos e aos pais apostólicos. Santo André-SP: Acadêmica Cristã, 2005.

WEBER, Max. *Economia e Sociedade*: fundamentos da sociologia compreensiva. v.2. Brasília-DF: Editora Universidade de Brasília: São Paulo: Imprensa Oficial do Estado de São Paulo, 1999.

Printed by Books on Demand GmbH, Norderstedt / Germany